VIDAS
PASSADAS
E HOMOSSEXUALIDADE

Série
Autoconhecimento

VIDAS
PASSADAS
E HOMOSSEXUALIDADE

CAMINHOS QUE LEVAM À HARMONIA

DRA. SOLANGE H. L. CIGAGNA
(in memorian)

Dufaux
editora

VIDAS PASSADAS E HOMOSSEXUALIDADE

Copyright © 2022 by Editora Dufaux

1ª Edição | Novembro 2022 | 1º ao 2º milheiro

Dados Internacionais de Catalogação Pública (CIP)
(Câmara Brasileira do Livro, SP, Brasil)

Cigagna, Solange H. L.

Vidas passadas e homossexualidade : caminhos que levam à harmonia / Solange H. L. Cigagna. -- Belo Horizonte, MG : Editora Dufaux, 2022.

ISBN 978-65-87210-33-9

1. Homossexualidade - Aspectos psicológicos 2. Regressão (Psicologia) 3. Vidas passadas - Terapia de regressão I. Título.

22-116395   CDD 153

Índices para catálogo sistemático: 1. Psicologia transpessoal 153

Eliete Marques da Silva - Bibliotecária - CRB-8/9380

Impresso no Brasil – Printed in Brazil – Presita en Brazilo

EDITORA DUFAUX BRASIL
Rua Contria, 759
CEP 30411-270 - Belo Horizonte - MG
Telefone: (31) 3347-1531
www.editoradufaux.com.br | comercial@editoradufaux.com.br

EDITORA DUFAUX EUROPA
www.dufauxeurope.com | dufauxeuropa@editoradufaux.com.br

 Conforme novo acordo ortográfico da língua portuguesa ratificado em 2008.

Todos os direitos reservados à Editora Dufaux É proibida a sua reprodução parcial ou total através de qualquer forma, meio ou processo eletrônico, sem prévia e expressa autorização da Editora nos termos da Lei 9 610/98, que regulamenta os direitos de autor e conexos. Adquira os exemplares originais da Dufaux, preservando assim os direitos autorais.

Dedico a meu marido Marcos Paulo, que muito me incentivou para que eu escrevesse este livro.

Aos meus Filhos Marcos Ricardo, Paulo Henrique e Luiz Guilherme que sempre insistiram para que eu o terminasse.

Agradeço aos meus amigos e colegas profissionais da área que, como eu, deram grande apoio para a realização deste livro.

Agradeço à minha grande amiga Dra. Jocelina Carpes Rodrigues, que muito me auxiliou, apontando expressões que tornavam a leitura do texto muito complexa.

SUMÁRIO

Prefácio..11

PARTE I — Terapia de Regressão à Vidas Passadas..........15
   Uma primeira conversa, entre nós, amigo leitor................. 17
   Introdução.. 21
   Respostas às questões mais frequentes............................. 25
   Um até breve, amigos 147
   Post scriptum...149

PARTE II — Homossexualidade na Terapia de Vidas
   Passadas..151
   Antes de começarmos nossa conversa da Parte II 153
   Introdução...155
   Esclarecimento ao leitor sobre a TRVP 175
   Estudo de Caso 1 — César Augusto 177
   Estudo de Caso 2 — Roberto...209
   Estudo de Caso 3 — Fernanda Maria 263
   Estudo de Caso 4 — Maria Elisa..303
   Considerações finais da Parte II...343

PREFÁCIO

A Terapia de Regressão à Vidas Passadas (TRVP) é uma técnica, dentro da Psicologia Transpessoal[1], que permite ao paciente tomar conhecimento das causas de seus problemas, muitas vezes de difíceis soluções, por meio do autoconhecimento.

A TRVP desmonta muitas crenças e egos que nos fazem crer que são verdadeiros durante a jornada da vida, impedindo de ter uma perspectiva de um futuro melhor.

Conhecendo a nós mesmo, transcendemos os egos indesejáveis, desenvolvemos a autenticidade, a segurança e a confiança; sentindo, com isso, a paz interior.

A TRVP oferece respostas a perguntas que muitas vezes ficamos a vida toda nos fazendo.

O mais fascinante e relevante desse processo é o autoconhecimento, a conscientização dos nossos sentimentos e traumas latentes no inconsciente; é o que consequentemente torna possível a nossa transformação interna, levando-nos à conexão com nosso Eu Maior ou nossa Essência; o que conduz finalmente à solução.

Este livro veio mostrar o funcionamento da técnica TRVP, de uma forma simples e eficaz, refletindo a credibilidade na sua aplicação, mostrando que qualquer pessoa comprometida consegue se submeter ao processo, sem medo.

---

1 https://pt.wikipedia.org/wiki/Psicologia_transpessoal

Importante ressaltar que esse processo deve ser conduzido por profissionais com a devida qualificação e com conhecimento das indicações, contraindicações e resistências necessárias para o procedimento.

Escrito com muito profissionalismo, dando ênfase ao aprendizado do conhecimento de si mesmo, sem cunho religioso, respondendo às indagações que nos deixam confusos sobre alguns problemas da vida, este livro é um trabalho realizado com muita coerência, responsabilidade e simplicidade, mostrando que podemos resolver problemas, e até mudar o sentido da vida, quando estamos comprometidos conosco.

A Dra. Solange soube compilar essas respostas de maneira simples e bem colocada, selecionando muito bem as perguntas e os questionamentos que são frequentes no dia a dia das pessoas, não deixando dúvidas em suas colocações, com explicações objetivas que foram tiradas das suas experiências com os pacientes.

Falar de uma pessoa como a Solange, que tive a oportunidade de ter como paciente e, posteriormente, como amiga, é um grande privilégio.

Após o processo terapêutico, tornamo-nos amigas. Hoje, tenho a felicidade de falar com muita propriedade porque conheci sua alma; pessoa admirável, responsável, ética, excelente mãe, esposa e com capacidade extrema de doar amor. A Dra. Solange foi uma referência para mim, pela sua competência, autenticidade e simplicidade.

Tínhamos encontros maravilhosos em sua residência, com muita conversa e aprendizados, aliados a agradáveis momentos; algumas vezes feitos ao som de piano tocado por um de seus filhos.

Sua beleza irradiava luz, que era projetada pela sua amabilidade, bondade e generosidade.

Posteriormente, fui informada de seu último e brilhante gesto de amor, ao doar em vida suas córneas.

Sinto-me muito honrada e confortada em escrever sobre a Dra. Solange e seu trabalho, que foi feito com muito amor; e que deixou grande aprendizado e muitas saudades.

Tenho certeza da sua acolhida pelo plano Divino.

Dra. Maria Graciete Monteiro Santos

PARTE I

TERAPIA DE REGRESSÃO À VIDAS PASSADAS

UMA PRIMEIRA CONVERSA, ENTRE NÓS, AMIGO LEITOR

Antes que você comece a ler este livro, gostaria que você estivesse sentado em um lugar extremamente agradável, naquele seu cantinho, que não tem igual no mundo.

Se possível, tenha, ao seu lado, um aparelho de som tocando música – aquela que você adora – bem baixinho.

Imagine que estamos juntos, conversando sobre este assunto interessante que é a regressão de memória à vidas passadas!

É exatamente assim que eu me vejo. Contando para você as minhas experiências e pesquisas neste campo. Sem preocupações acadêmicas. Sem preocupações de cunho filosófico ou religioso. Simplesmente narrando muitos dos casos que aconteceram em meu consultório, no de colegas, ou em cursos que fiz ou ministrei.

Imagine que o dia lá fora está muito agradável – está ouvindo os pássaros cantarem? – e uma deliciosa xícara de café está nos esperando na mesinha. Ou prefere um chá, um suco?

Como em toda relação de amizade, é necessário que haja um mínimo de entrosamento entre as duas partes.

Você, eu sei, é uma pessoa interessada, curiosa para descobrir o que há a mais entre o céu e a terra do que sonha a nossa vã filosofia.

Com certeza você é uma pessoa questionadora. Adoro pessoas com este perfil. São elas que fazem que eu me aprofunde cada vez mais naquilo que estudo. É incrível como eu aprendo quando ministro cursos e palestras.

Sou psicóloga, formada há mais de vinte anos. Como todo recém-formado, fiz de início, muitos cursos de especialização em várias técnicas psicoterapêuticas, "semanas disso", "semanas daquilo". Enfim, através dos anos, fui estudando e me metendo em tudo que aparecia diante do meu nariz. Sempre procurando respostas para muitos dos questionamentos que eu tinha a respeito de técnicas psicológicas que eu e outros colegas utilizávamos.

Decididamente, não me sentia satisfeita. Sempre achava que algum elo estava faltando. Mesmo que o paciente melhorasse e se desse por satisfeito, eu sentia que não havia sido feito o serviço completo.

Outro fator que me incomodava, era o tempo que se levava para chegar ao fim da terapia.

No início dos anos de 1980, tive o primeiro contato com estudos científicos que mencionavam outras realidades diferentes daquelas que temos no nosso dia a dia, através do livro *Vida após a vida*[2], de Raymond Moody Jr[3].

Moody, um psiquiatra famoso, relata inúmeros casos de experiência de quase-morte, em diversos pacientes.

Confesso que fiquei impressionada e comecei a questionar se a morte era realmente o fim de tudo. Iniciei, então, a

---

[2] https://pt.wikipedia.org/wiki/Vida_depois_da_Vida
[3] https://pt.wikipedia.org/wiki/Raymond_Moody

busca por estudos, com caráter de pesquisa científica, para alargar meus conhecimentos nesta área.

E quanto mais lia mais curiosa ficava. As publicações na época eram escassas e eu vivia procurando por toda parte mais explicações.

Fugia, confesso, de toda e qualquer leitura ou curso que tivesse sinais de conotação religiosa. Não por preconceito, mas porque nunca quis mesclar crenças e ciência.

Certo dia, vi em um jornal, uma matéria sobre Terapia de Regressão à Vidas Passadas. Nunca havia ouvido falar no assunto.

Li, extremamente fascinada e profundamente incrédula, sobre o que era e quais os resultados dessa técnica. Eram meados de 1989. Resolvi que iria estudar a técnica assim que fosse possível.

Logo em seguida, soube que havia um curso de especialização em São Paulo. Inscrevi-me e, após uma pré-seleção feita pelo Instituto, fiz uma entrevista com uma monitora que, com o passar dos anos, tornou-se grande amiga minha – a Dra. Graciete Santos.

Nessa entrevista fiz a colocação – que depois haveria de ouvir centenas de vezes, em meu próprio consultório – que estava ali, sem grandes convicções. Que não acreditava em reencarnação e não conseguia entender como se podia recordar de vidas passadas e que, principalmente, era católica e não pretendia mudar de religião.

Rindo, Graciete logo me deixou à vontade, dizendo que ela não tinha a menor intenção de me fazer mudar de credo religioso, e que a Técnica de Regressão à Vidas Passadas era simplesmente uma ferramenta a mais que eu teria para trabalhar em meu consultório, se eu assim julgasse conveniente.

Dessa forma, meio que desconfiada e descrente, passei a estudar todo esse universo que a técnica descortina.

E aqui estou hoje, caro amigo, conversando com você, contando um pouco dessa caminhada, não só minha, mas de todos que buscam saber mais sobre a revolução de conceitos de vida, morte, espiritualidade, autoconhecimento e realidades relativas.

Nas duas últimas décadas, a sociedade ocidental vem tomando conhecimento do seu lado espiritual, ou melhor, vem se permitindo conhecer-se internamente.

Vários filmes – Hollywood anualmente lança, no mínimo de três a quatro filmes, com conteúdo de reencarnação ou de vidas passadas – e muitos livros procuram satisfazer o questionamento que essa nova geração vem fazendo sobre verdades estabelecidas.

Espero poder estar ajudando, ainda que pouco, na busca dessas respostas.

Boa Viagem!

Dra. Solange H. L. Cigagna
(in memorian)

INTRODUÇÃO

Para ser sincera, sempre soube o quanto de mistério e fascínio envolve a prática de Terapia de Regressão à Vidas Passadas (TRVP) para as pessoas em geral.

Eu mesma, antes de me especializar no tema, sentia um misto de desconfiança e, porque não dizer, um certo receio de estar entrando em área não rigorosa, não permitida para uma simples terapeuta.

Era algo indefinido, como se estivesse transpondo fronteiras, adentrando num campo espiritual que não deveria ser invadido.

Levou um bom tempo até que me desse conta de que eu não estava me envolvendo com entidades espirituais, mas muito simplesmente; eu estava auxiliando pessoas a se recordarem de seus próprios passados. E se há algum espírito envolvido nas sessões de terapia, ele está ali, bem encarnadinho no paciente. Não há qualquer transgressão no mundo espiritual, porque não há envolvimento de espíritos desencarnados e nem se procura, em qualquer momento, envolvimento com as dita forças extracorpóreas.

Envolvida até a medula com técnicas psicoterapêuticas, as mais diversas, sempre procurando ir mais além da psique humana, a TRVP é hoje para mim mais uma forma de ajudar pessoas a se autoconhecerem e derrubar fobias, traumas, neuroses, enfim, tudo aquilo que nós, profissionais da área, estamos acostumados a enfrentar no nosso dia a dia.

É bem verdade – sou ré confessa – que quando fui me especializar nesta técnica, coloquei os "dois pés" atrás. Afinal, além de ter sido criada na religião católica, e em colégio de freiras – portanto reencarnação nem passava pela minha mente – sempre tive um senso crítico muito chatinho!

Esse senso crítico, se algumas vezes me ajudou muito, em outras me atrapalhou muito também. Meu crescimento pessoal e espiritual acontece sempre depois de longas batalhas verbais com ele.

Dessa forma, levei bastante tempo – ainda bem que o meu curso foi longo o suficiente – para me convencer que essa técnica terapêutica era excelente, profunda e fascinante.

Profunda, porque não circunda o problema. Vai direto à causa primária. Demonstra, sem erro, onde se originou o problema, seja nesta ou em outra vida.

Fascinante, porque permite desvendar o mais escondido "Eu" de cada um de nós rápida e verdadeiramente.

E excelente porque economiza tempo e dinheiro do paciente, e não faz com que o terapeuta fique às voltas com mil hipóteses de tratamento.

No decorrer desses últimos anos venho ministrando palestras e seminários, atendendo pacientes, conversando com amigos, tanto aqui no Brasil, como nos Estados Unidos; a tônica é sempre de curiosidade mesclada com descrença, ou salpicada dos mais diversos temores.

Há bastante tempo venho sendo desafiada por pacientes, alunos e amigos para escrever este livro para o esclarecimento rápido e sem dor das questões mais comuns que chegam a nós, profissionais dessa área.

Aqui estão registradas os questionamentos mais comuns que tenho tido a oportunidade de responder – espero que com sucesso – por todo lado que andei.

Não houve a preocupação de separar as perguntas mais comuns por assuntos, para não se tornar cansativa a leitura. Quis passar para o livro o mesmo que ocorre em debates abertos nos seminários. E é claro que os exemplos dados são reais, ocorridos, em sua maioria, em consultórios meu e no de colegas, especialistas também em TRVP, sempre resguardando os pacientes, trocando nomes e aspectos que pudessem indicar as suas verdadeiras identidades.

Espero que você, caro leitor, encontre as suas respostas entre as perguntas que escolhi como as mais interessantes.

RESPOSTAS ÀS QUESTÕES MAIS FREQUENTES

O que é a Terapia de Regressão à Vidas Passadas?

A Terapia de Regressão à Vidas Passadas, que daqui para frente chamaremos simplesmente de TRVP, é uma técnica psicoterápica, situada dentro da linha transpessoal, que utiliza como método primordial a regressão de memória, através de diferentes meios indutores. Deve ser utilizada unicamente em fins psicoterápicos, não se vinculando a práticas religiosas, místicas, adivinhatórias, etc.

É impressionante a expectativa das pessoas que procuram os consultórios que trabalham com essa técnica. Muitas acham que vão poder descobrir que em vidas passadas foram figuras proeminentes da história universal.

Sinto desapontar, mas a maioria das vidas recordadas são muito comuns. Eu mesma, em tantos anos de prática da técnica, nunca me deparei com uma Cleópatra, um Napoleão ou um grande santo.

TRVP é uma técnica que, como todas as outras, tem suas vantagens e suas limitações. Não pode e não deve ser usada indiscriminadamente.

Ela tem como objetivo retroceder a memória no tempo, a estágios anteriores, para esclarecer, conscientemente, as vivências passadas muito significativas, reprimidas no inconsciente. São lembranças de fatos que podem ter ocorrido na vida intrauterina, nascimento, infância e em existências passadas.

Traumas que ocorreram em alguma dessas etapas da vida passada, ou até mesmo da atual, podem ser responsáveis por numerosas manifestações psíquicas, físicas e de relacionamento interpessoal, provocando desajustes orgânicos e emocionais.

Desta forma, a reencarnação, que há algum tempo era abordada somente sob o aspecto filosófico e religioso, tem sido estudada e pesquisada por meio desse instrumento psicoterapêutico.

Como é uma TRVP? O que acontece conosco dentro do consultório?

É incrível como a fantasia das pessoas vai longe! O medo do desconhecido acrescido da ansiedade, da expectativa do mágico, misturadas com crenças e informações colhidas aqui e ali formam, muitas vezes, um quadro completamente divorciado da realidade.

O que acontece dentro do consultório? Nada além do que acontece em qualquer consultório.

De início, o paciente e a terapeuta se conhecem, trocam informações gerais. Um bom terapeuta coloca seu paciente em ambiente tranquilo, faz perguntas amenas, sociais, até que sinta que a pessoa se solte, ria, enfim, que se estabeleça o que nós chamamos de *rapport*[4].

Nessa fase eu costumo informar o tipo de trabalho que faço, como faço e quais os objetivos a curto, médio e longo prazo. O enorme potencial de cura, as limitações e as contraindicações. Deixo claro que esse tipo de terapia só é utilizado para a cura de problemas; e nunca para satisfazer curiosidades sobre o que se foi em outras vidas.

É obvio que sempre alguém vai a um consultório tem alguma questão a ser resolvida, mesmo que diga com todas as letras, que está ali procurando soluções meramente existenciais ou na tentativa de encontrar soluções para

---

[4] Rapport é um conceito do ramo da psicologia que significa uma técnica usada para criar uma ligação de sintonia e empatia com outra pessoa. Esta técnica é muito útil, porque cria laços de compreensão entre dois ou mais indivíduos.

um problema que acontece com um parente ou um amigo muito próximo.

Fixado o núcleo do caso, o terapeuta inicia o que se chama anamnese, que é o levantamento de dados pessoais do paciente, tanto na área médica, como no universo psicossocial. Para o início desse tipo de tratamento, a anamnese é bastante específica, fazendo um levantamento de dados os mais diversos possíveis.

Após esse levantamento, que é bastante longo, costumo fazer um relaxamento, com fundo musical bem suave, para que a pessoa saia do consultório se sentindo bem e revitalizada.

O relaxamento é fundamental porque quando o paciente vai passando as informações pedidas pelo terapeuta, ao mesmo tempo vai remexendo núcleos doloridos que estão meio camuflados, e que vão ficar incomodando. Com o relaxamento diminui-se este efeito.

As sessões deste tipo de terapia nunca levam menos que duas horas de duração; por isso é sempre aconselhável que se faça o relaxamento e a energização em cada uma delas.

Após a primeira sessão, o tratamento só se inicia depois da avaliação da anamnese pelo terapeuta, que verifica se o caso se enquadra positivamente nos critérios da técnica, e se o paciente decidiu que quer mergulhar no seu passado para se curar.

Com sessões semanais ou quinzenais, de duas horas em média, a maioria dos casos se resolvem em dez a doze sessões.

Guardando-se as características de cada terapeuta, as sessões de TRVP, de uma forma geral, se desenrolam nas seguintes etapas:

1ª. Profundo relaxamento físico e mental

Induz-se o paciente a um estado alterado de consciência. Mas nada de se assustar ao ouvir essa explicação do seu terapeuta. Só se faz esse relaxamento para que o consciente se desarme e deixe o inconsciente aparecer.

Esse relaxamento pode ser feito de várias formas. Cada terapeuta tem seu método preferido. Eu gosto de induzir meus pacientes, através de um profundo relaxamento, que vai dos pés até ao topo da cabeça, com um fundo musical bem adequado.

2ª. Conexão com o inconsciente

Cada terapeuta tem seu método de auxiliar o paciente a se conectar, recordar e vivenciar o fato que pode estar ocasionando o problema atual. Esta recordação é feita com grande conteúdo emocional. A pessoa se vê no fato gerador do problema atual e sente todas as emoções que foram vividas e que ficaram cristalizadas naquele momento.

Como exemplo, vou mencionar o caso de uma paciente que tratei há muitos anos atrás.

Mirella chegou ao meu consultório com um problema um tanto incomum: não conseguia mais tomar banho. Sempre teve medo de água. Desde pequena não chegava nem perto de piscina, lago ou praia. Disse-me que só de sentir a brisa marítima se sentia mal. O fato provocava certos problemas em família, já que seus pais possuíam um apartamento na praia, para passar férias e fins de semana.

Com o decorrer do tempo, seu medo por água foi aumentando. Por volta de seus quinze anos já não conseguia tomar banho de chuveiro porque perdia o fôlego. Enfrentava o seu medo, banhando-se com água que ela pegava em uma canequinha, direto da torneira. Assim se passaram alguns anos.

Aos 22 anos, cansada de lutar contra seu medo e percebendo que estava pegando aversão à hora do banho, por temer molhar seu corpo, já que sentia pânico só em pensar na água da canequinha escorrendo por sua cabeça e costas, resolveu ir à luta.

Na primeira regressão, logo após o relaxamento, e com um mínimo de indução, ela vivenciou nitidamente o momento de um afogamento vivido por ela em uma vida passada. Ela era um homem, escravo, condenado a viver acorrentado nas galés. Um dia, veio uma intensa tempestade em alto mar. Os que estavam livres das correntes pularam ao mar tentando se salvar. Mas o homem estava acorrentado a uma grande viga do próprio navio.

As lembranças desse momento vieram carregadas de fortes emoções, e veio à tona seu último pensamento:

"Se eu conseguir me salvar, nunca mais chego perto do mar ou de qualquer água!". Eis aí a decisão que foi tomada e, por conta desse episódio, seu espírito sofria este problema na vida atual. É lógico que não era esse o único motivo que levou essa paciente ao agravamento de seus sintomas. Mas foi a partir dessa recordação tão vívida, que pudemos trabalhar todo o quadro psicológico.

3ª. Configuração do momento mais significativo e do compromisso estabelecido

Durante a regressão, o terapeuta orienta o paciente a perceber qual foi o momento mais significativo daquela vivência e qual foi o compromisso que a pessoa tomou e que está influenciando no momento atual.

É bom que se esclareça que a pessoa é perfeitamente capaz de perceber qual o momento mais traumático e o compromisso que fez porque ela não está dormindo ou completamente hipnotizada. Ela lembrará total e perfeitamente de tudo o que aconteceu durante a sessão. Caso contrário, não seria terapêutico, não haveria a modificação de estrutura interna.

Utilizando o exemplo acima, se Mirella só me ouvisse contar para ela sobre o que havia sido recordado, emocionalmente falando, não teria maior importância do que assistir um filme. O fato da decisão que foi tomada pelo escravo que ela foi, em uma existência passada, não teria nenhuma ressonância interna nela.

Configurando-se o momento mais traumático – o afogamento – e a decisão tomada – nunca mais chegar perto de água, já que ela representa perigo de vida – torna-se mais fácil o caminhar do processo terapêutico.

4ª. Modificação de estrutura interna

É o momento em que o paciente, com o auxílio do terapeuta, reverte aquele compromisso, aquela ordem interna que está comandando as ações atuais.

É claro que tomamos esses tipos de decisões em várias situações de nossas vidas. E, pior, fazemos sem notarmos, provocando problemas desnecessários.

Utilizei um exemplo bem forte para demonstrar como podemos sofrer intensamente com as decisões que tomamos inconscientemente. Esse tipo de terapia leva diretamente ao foco do problema, tenha ele ocorrido em vidas passadas, na infância dessa vida, ou mesmo no mês passado.

Nessa ressignificação interna, o terapeuta auxilia o paciente a transformar aquele compromisso negativo em uma afirmação positiva, que vai auxiliar no processo terapêutico.

Voltando ao exemplo, Mirella se permitiu perceber que estava sofrendo por algo que tinha ficado no passado, que não significava mais nada. Água é vida e não morte!

5ª. Retorno e Reenergização

Cada terapeuta tem seu próprio modo de finalizar a sessão de regressão. Alguns fazem um Retorno rápido. Prefiro reverter o processo de relaxamento, reenergizando e fazendo com que o paciente vá tomando consciência do seu corpo, da sua mente, no aqui e agora.

6ª. Terapia de Apoio

É necessário que se faça a terapia verbal com o conteúdo que surgiu durante a regressão, para que o paciente possa entender e elaborar todo o processo que acabou de viver.

Como se vê, é um processo longo, mas nada assustador. Pelo contrário, as pessoas que acabam de passar por uma regressão apresentam sempre uma expressão de profunda serenidade mesclada à surpresa e alegria interna. É como se, de repente, um quebra-cabeça finalmente estivesse sido montado.

Para mim, como terapeuta, é um dos momentos mais gratificantes. Fico sempre muito feliz por poder contribuir para esse momento importante de autodescoberta, de crescimento pessoal de um ser humano.

É verdade que há o perigo de não se retornar para a vida atual? Que se pode ficar vivendo a personalidade da vida anterior?

Sempre que você pretender passar por uma TRVP, procure um terapeuta experiente para evitar quaisquer problemas durante o processo de regressão.

A regressão bem finalizada coloca o paciente perfeitamente centrado em si, sabendo claramente que está de volta para o aqui e o agora.

Quando o processo de Retorno é feito às pressas – seja porque o paciente resolve interromper o processo, ou porque o condutor da regressão não está atento – pode ocorrer um desconforto, já que emoções não trabalhadas muito bem durante a terapia podem permanecer afloradas.

Mas não há o perigo de se permanecer com a personalidade recordada de uma vida anterior. Mesmo que o Retorno não tenha sido bem feito, e a pessoa saia do consultório se sentindo desconfortável, depois de algumas horas o paciente volta ao seu estado normal.

É por isso que é de importância vital sempre fazer a Terapia de Apoio após a sessão de regressão. Além de serem discutidos pormenores das lembranças que vieram à tona. Muitas vezes o paciente não menciona dados e detalhes do que vivenciou porque na hora não achou importante, ou se sentiu confuso e envergonhado; por essa razão é necessário que seja discutido e fechado o núcleo que surgiu.

Com isto feito, não se corre o risco, em momento algum, de se permanecer com a personalidade da vida anterior.

Qualquer pessoa consegue regredir e lembrar de vidas passadas?

Em princípio, sim. Há um estudo informal, feito por terapeutas especializados nessa técnica, que registra um índice aproximado de 80% de êxito nas regressões realizadas, independentemente de raça, cor, credo religioso, nível cultural ou econômico do paciente.

É obvio que para ter sucesso terapêutico a regressão necessita da aprovação interna da pessoa que se submete a ela. Não há terapeuta que faça uma regressão com pleno êxito, se o paciente se negar, mesmo que inconscientemente, a relaxar e se entregar às suas memórias.

É necessário que ele deseje encontrar sua essência interior, se conhecer melhor, se compreender, buscando uma total unidade.

Quando ocorre o insucesso, duas ou três vezes consecutivas, mesmo que a pessoa esteja desejando muito passar por uma regressão de memória, eu aconselho deixar passar um tempo antes de tentar novamente.

Isto porque pode estar havendo um bloqueio no inconsciente que sabe que aquele não é o melhor momento para que a pessoa tenha conhecimento de certas lembranças de seu passado. Melhor que a pessoa faça uma terapia convencional, para contatar melhor seus caminhos internos, até estar pronta emocionalmente para, então, se conectar com o mais profundo de seu próprio Eu.

Isto ocorre porque, durante o processo de regressão, o indivíduo deve trabalhar em três níveis psíquicos:

- o consciente;
- o inconsciente;
- e a consciência superior.

É a integração desse três níveis psíquicos, dessas forças, que vai trazer a plenitude do autoconhecimento para o paciente, proporcionando uma maior Força de Ego[5], uma personalidade mais equilibrada e feliz.

---

[5] Força de ego refere-se a uma noção freudiana clássica de que o funcionamento psicológico dos pacientes pode ser avaliado de acordo com quão bem ou quão insatisfatoriamente eles lidam com o conjunto de estressores que os afetam. (https://www.psiquiatriageral.com.br/psicoterapia/ego_niveis_defesa) N.E.

Seria ilusão ou imaginação o que a pessoa diz estar vendo? Não podem ser cenas de filmes que a pessoa já viu? Ou mesmo recordações de leituras feitas anteriormente?

Às vezes, influências externas podem até ocorrer. Na realidade, se a pessoa começa pela cena de um filme que a tenha impressionado, no decorrer da sessão, as recordações reais vão tomando um vulto tão característico, tão único, que ela descobre que o que estava vendo, sentindo, é algo só dela, e não externo.

Isso porque se o inconsciente escolheu esse caminho de influência externa – o da cena de um filme que a impressionou – é que houve o que se chama de ressonância cognitiva. Trocando em miúdos, aquela cena está servindo de gatilho para disparar a lembrança há tanto tempo guardada.

Como exemplo, vou narrar um caso que acho bem elucidativo.

Há algum tempo atrás, uma paciente me procurou se queixando de problemas de relacionamento com o marido. Dizia-se extremamente aborrecida porque seu marido tinha se transformado em uma pessoa muito mandona. Que sempre haviam se entendido em todo tipo de problemas, mas que nos últimos tempos ele não aceitava mais as opiniões dela. Entre tantos desentendimentos, o mais recente, era o da compra de um apartamento no décimo quinto andar de um prédio, próximo da casa onde moravam.

Ela não acreditava que pudesse vir a aceitar o que ele estava impondo. Não sabia bem o porquê, mas não conseguia se sentir bem no apartamento, apesar de ser um imóvel de alto luxo. Sentia-se mal, com enjoos e dores de cabeça todas às vezes que ia lá. Atribuía todo esse mal-estar à raiva que sentia por não estar sendo ouvida por ele.

Pensava que, com o decorrer do tempo, e já morando no "bendito apartamento", a relação dos dois pudesse deteriorar de tal forma que poderia ocorrer uma separação, já que ela não conseguia digerir de forma nenhuma a mudança proposta pelo marido.

Posso descrever Vânia como uma moça alegre, culta, decidida, profissional de mão cheia – ela é pediatra – não tinha o costume de ter ponderações despropositadas. Com filhos e com um bom relacionamento de oito anos com o marido, também médico, não havia justificativas palpáveis para a crise que ela estava passando; pelo menos não à primeira vista.

Na primeira sessão de regressão, Vânia custou a se soltar e narrou cenas de uma jovem na Inglaterra que, presa nas torres de um castelo, atira-se a um precipício para fugir do que seria uma morte cheia de torturas. No Retorno da regressão, Vânia me disse que achava que tinha visto essas cenas em um filme, na sua adolescência. Não havia se reconhecido, e as cenas eram muito fugazes.

Na realidade, isso é um fenômeno bem comum, já que na primeira vez que regride o paciente está aprendendo a perceber suas próprias memórias. Com a repetição do processo, cada vez mais as lembranças vão se tornando mais nítidas.

Na segunda sessão, Vânia chegou meio desanimada e não acreditando que poderia resolver seus problemas com êxito. Mas estava decidida a tentar mais uma vez.

Iniciamos a sessão com ela apresentando uma resistência considerável ao simples relaxar. Depois de quase trinta minutos de relaxamento, já entrando no processo de regressão, se iniciou o seguinte diálogo entre nós:

Paciente: Estou novamente naquele cenário do filme! A moça está olhando para o precipício. As pedras estão lá embaixo! Ela está vestida com o que parece um veludo verde. Eu a vejo de costas. Ela está se debruçando na janela... Que chateação... é sempre a mesma coisa...

Terapeuta: Olhe bem esse cenário. Olhe ao redor. Fixe bem as pedras desse precipício. Repare se há algum detalhe que chame a sua atenção.

Paciente: As pedras... o precipício é bem extenso... muito alto de onde estou. Interessante, eu não tinha percebido, mas tem um rio passando lá embaixo (longo silêncio). Estou à beira de um penhasco tentando empurrar alguma coisa para baixo, mas não sei o que é. Parece ser um saco, um saco sujo, (suspira). É pesado (longo silêncio).

Terapeuta: O que tem dentro desse saco é pesado? O que poderia ter dentro desse saco?

Paciente: Não sei, mas estou com medo. Preciso me livrar logo dele, senão... (soluços contidos, algumas lágrimas escorrem no canto dos olhos). Não sei... não sei... (longo silêncio).

Terapeuta: Muito bem. Você está à beira de um precipício, muito alto. Lá embaixo corre um rio. Descreva-me como você está vestida. Como é esse lugar que você está?

Paciente: Eu estou em cima de um penhasco. Eu acho que é bem cedinho. Parece que vai amanhecer. Não sei. É, vai amanhecer sim. Ah, meu Deus! Eu tenho que jogar esse saco lá embaixo! Mas não consigo, (agitando-se muito e chorando) não consigo!

Terapeuta: Respire profundamente e se acalme. Tudo que você está prestes a recordar já aconteceu há muito tempo. E seja o que tenha acontecido, não representa mais perigo para você. Você pode lembrar sem medo. Como você está vestida? Olhe para você...

Paciente: (Longo silêncio). Eu estou vestida com roupas muito pobres. Eu acho que sou uma camponesa, ou qualquer coisa assim. É uma camisolona meio marrom, amarrada com uma espécie de tira de saco. Ah, meu Deus, eu não acredito nisso!!! Não pode ser... não pode ser... (choro forte seguido de silêncio).

Terapeuta: Diga-me o que está acontecendo, é importante para você se lembrar em detalhes do que ocorreu no seu passado. Não deixe seu senso crítico atrapalhar suas lembranças. Diga-me agora o que acontece.

Paciente: Eu, eu estou jogando o saco pelo precipício abaixo. Meu Deus! Meu Deus! Dentro do saco tem duas crianças mortas (muitos soluços). O saco caiu lá embaixo. Que horror!

Terapeuta: Relaxe. Isto aconteceu há muito tempo atrás. Relaxe. Agora que você já conseguiu rever essa cena, me diga quem são essas duas crianças que estavam no saco que você empurrou pelo precipício.

Paciente: São dois garotinhos, um de dois anos e um de cinco anos. Eles estavam mortos... (chorando muito). Eu não estou aguentando! Ah, meu Deus, que horrível!

Terapeuta: Você disse que as crianças já estavam mortas. Como elas morreram?

Paciente: Eu... eu... (suspirando, mas já sem chorar). Fui eu quem as matou, tive que matá-las. Eu não podia fazer nada. Se eu não as matasse, elas seriam levadas para serem apedrejadas até a morte. Eu, eu tive que fazer isso. Meu Deus, os menininhos são meus filhos!

Terapeuta: Eles seriam apedrejados. Você lembra o motivo?

Paciente: Meu marido roubou um cavalo do senhor da vila e a pena é de morte por apedrejamento. Meu marido, eu e nossos filhos fomos perseguidos pela guarda, e quando eles estavam chegando, eu preferi matá-los para que não sofressem muito.

Terapeuta: Chega por hoje! Vamos fazer o Retorno e encerrar a regressão.

Temos bem claro nesse exemplo, como a cena de um filme que tanto impressionou Vânia em sua adolescência, estava de alguma forma ligada a uma lembrança traumática de sua vida passada.

O núcleo do problema que a levou a me procurar era o medo inconsciente de que ela poderia fazer algum mal aos seus filhos, já que estariam morando em lugar muito alto (precipício), por culpa do marido.

A confusão emocional, totalmente inconsciente, estava provocando um problema inexistente.

A cena do filme, que retratava uma jovem nas torres de um castelo pronta a atirar-se de um precipício, surgiu na primeira regressão e serviu de ponte para que Vânia pudesse rebaixar suas defesas e recordar um episódio tão doloroso, mas que estava no centro do problema atual.

Descoberta e aflorada ao consciente a motivação da negativa de Vânia mudar-se para o novo lar, o problema foi resolvido de modo bastante satisfatório.

Um detalhe que deve ser considerado, e que tenho visto com frequência, é a escolha da profissão de Vânia. Hoje ela é uma pediatra dedicadíssima. Salva vida de crianças. Cuida delas. Essa vocação seria resultado de um mandato interno, feito naquele momento tão crítico.

Você comenta sempre que, para ser feita uma regressão, é necessário que seja feito um estudo bem profundo das condições clínicas e psicológicas do paciente. Como explicar, então, que muitos estudiosos do assunto, alguns bem famosos, quando em palestras públicas, fazem regressão em pessoas escolhidas na plateia, sem haver o mínimo de conhecimento entre o palestrante e o voluntário?

Infelizmente, isso é uma realidade incontestável.

Eu discordo dessa postura – a do espetáculo – porque acho que essa técnica envolve níveis profundos do inconsciente que nem sempre o voluntário está capacitado a enfrentar.

Pessoalmente sou contra! Mesmo porque quando ministramos palestras o tempo é curto e não há a possibilidade de se fazer uma Terapia de Apoio em seguida da regressão.

Por isso mesmo, nunca aceitei realizar em público regressões em voluntários. Só realizo regressões fora do consultório, quando estou em cursos para profissionais da área.

E, é de praxe, quando finda a regressão, que o colega reúna-se comigo, a sós, para a devida sessão de Terapia de Apoio.

Mesmo entre nós, a privacidade entre terapeuta e paciente, que normalmente é um voluntário do curso, é altamente privilegiada.

Muitas vezes fui voluntária em cursos e passei por regressões, assistidas por vários colegas meus, mas nunca fui exposta a fazer qualquer análise de meus problemas em público.

Até entendo que muitos colegas façam a demonstração em público, para desmistificar a técnica de Regressão de Memória. Eles têm o intuito de demonstrar que ela é só uma técnica, sem maiores complicações. Mas sacrificam o lado pessoal do voluntário e eu não posso concordar com isto.

Quais as diferenças entre Recordação Induzida e Recordação Espontânea?

A Recordação Induzida é feita através de um estímulo hipnótico, utilizado na TRVP. Aliás, é necessário esclarecer, mais uma vez, que a pessoa que se submete a uma regressão não fica à mercê do terapeuta. O transe hipnótico é muito leve, para que a pessoa possa se recordar de fatos passados e ao mesmo tempo ser capaz de escolher se prossegue ou não, na experiência que está vivenciando.

Na realidade o transe hipnótico pode ter três níveis:

- **Transe Suave**: relaxamento profundo.

    O paciente não percebe que está hipnotizado, já que permanece consciente do que está acontecendo, interna e externamente.

    Estima-se que entre 95% e 98% da população adulta pode ser colocada neste estado alterado de consciência.

    Normalmente a informação obtida de alguém em transe suave é incompleta, fragmentada, mas o suficiente para o trabalho com fobias, medos, ansiedades e alguns casos de depressão.

- **Transe Intermediário**: relaxamento menos profundo.

    O paciente pode ter consciência de estimulação e ruídos externos, mas não se distrai pelos mesmos. A concentração em sua vivência é muito forte, o que não diminui seu livre arbítrio de continuar ou parar a experiência.

Estima-se que 70% da população adulta consegue entrar neste estado alterado de consciência. É o estado ideal para aplicação da TRVP.

- **Transe Profundo**: hipnose completa.
  O paciente não tem consciência da experiência que está passando. Só recorda o que foi revelado se receber instruções nesse sentido. É óbvio que para a realização de uma TRVP esse estado não interessa, já que a pessoa não terá acesso às emoções inerentes ao trauma vivenciado. Não poderá ser reformulado o núcleo traumático que está produzindo o problema atual.

Já a Recordação Espontânea, como o próprio nome diz, acontece sem que a pessoa se esforce em nenhum momento para que tal ocorra.

Ela pode ocorrer a partir das seguintes vivências:

- **Sensações de *déjà vu***
  As lembranças podem surgir espontaneamente através de experiências que a maioria de nós já experimentou. É aquela sensação de que já estivemos naquele lugar, que estamos visitando pela primeira vez.

  Comigo aconteceu há muitos anos atrás, uma experiência bem elucidativa.

  Estávamos em Paris, e meu marido e eu desbravando a cidade. Desde que eu havia chegado na cidade-luz

sentia uma sensação que havia retornado para casa. Era uma alegria, mesclada com uma ponta de nostalgia, que eu não sabia explicar, já que não tinha a mínima informação sobre recordações, espontâneas ou não, de vidas passadas. Eu era ainda uma simples estudante de segundo ano de Psicologia.

Portanto, foi muito intrigante para mim e meu marido o que aconteceu. Estávamos perdidos nos emaranhados das ruas da cidade e sem mapa. Não tínhamos a menor ideia de onde estávamos e que rumo tomar. Paramos no meio de uma calçada e ficamos olhando de um lado para outro, sem saber que rumo tomar.

De repente, ao olhar para uma edificação que estava do outro lado da rua, eu sabia onde estava. Disse para meu marido que se seguíssemos em frente, dobrássemos à direita e fossemos até ao fim da rua chegaríamos à Rive Gauche, muito próximo à Notre-Dame.

Meu marido me perguntou de onde eu tinha tirado essa ideia. Eu não sabia responder. Só sabia que em frente à Notre-Dame havia uma estátua de um cavaleiro, que eu tinha a certeza ser de Carlos Magno. Seguimos o caminho que eu sabia perfeitamente ser o certo. E, *voilà,* chegamos certinho ao lugar em que eu nunca havia estado nesta vida.

Esse tipo de experiência também pode ocorrer quando se tem contatos com pessoas ("eu já vi essa pessoa, não sei onde, mas tenho certeza disso"), obras de arte, livros, músicas, etc.

- **Sonhos recorrentes**
  São sonhos que se repetem, constantemente. Em geral causam intensa aflição e não tem nenhuma ligação com o dia a dia da pessoa.

  Um paciente meu tinha um sonho que o deixava sempre muito nervoso. Pelo menos uma vez por semana, sonhava que perdia seus filhos em uma praia deserta. Acordava suando profundamente, com o coração disparado. Tinha que se levantar e ir ao quarto de suas crianças para ter a certeza que estavam bem.

  Na primeira regressão, ele se recordou de uma vida em que era um nativo africano, que morava à beira-mar e que durante um furacão perdeu seus dois filhos. Desesperado, ele se via procurando os filhos que o mar havia levado. O trauma da perda havia ficado tão profundo que quando seus filhos, nesta vida, atingiram a mesma idade das crianças africanas desaparecidas, o inconsciente começou a mandar recados para que meu paciente tomasse muito cuidado com seus filhos, para que nada de mal acontecesse novamente.

- **Recordações espontâneas de vidas passadas em crianças**
  Geralmente ocorrem em crianças de dois a cinco anos de idade. Não raro, essas crianças lembram com

bastante fidelidade de pessoas, lugares e fatos que não teriam como conhecer.

Para quem pretende ir um pouco mais a fundo nesse tema, há estudos muito bem fundamentados por diversos estudiosos como o professor H. N. Banerjee [6](1929-1985), diretor do Departamento de Parapsicologia da Universidade de Rajasthan Jaipur, Índia, que estudou e investigou mais de 1.100 casos de reencarnação.

O professor Banerjee, inclusive, criou um centro internacional de investigações sobre reencarnação com o objetivo de chamar a atenção da comunidade científica para este tipo de estudo, a fim de que o volume de trabalhos engrosse o conhecimento já existente e o acervo de provas convença logicamente os cientistas.

Professor Ian Stevenson (1918-2007)[7], americano, chefe do Departamento de Neuropsiquiatria da Universidade da Virgínia é outro cientista estudioso dos casos de lembranças espontâneas de outras vidas em crianças. Por mais de 25 anos este pesquisador viajou o mundo para poder analisar mais de 2.500 casos possíveis de reencarnação.

---

6 https://www.correioespirita.org.br/secoes-do-jornal/biografias/1342-hemendra-nath-banerjee

7 https://pt.wikipedia.org/wiki/Ian_Stevenson

Todas as pessoas que passam por uma regressão veem as lembranças do mesmo modo? É diferente dos sonhos? Como uma pessoa sente, experimenta uma vivência de vidas passadas?

As vivências que ocorrem durante as regressões de memória têm características diferentes das de um sonho ou dos devaneios.

Existem algumas características que, em geral, são comuns na maior parte das regressões. A seguir descrevo algumas dessas particularidades:

1ª. As experiências de vidas passadas são geralmente visuais

As imagens são muito mais vívidas que nos sonhos e não costumam vir distorcidas. Frequentemente são coloridas. As imagens são visuais mas, em alguns casos, pessoas têm sentido odores, paladares e ouvido nitidamente sons do meio ambiente que as circundam na vivência.

Outro paciente meu, quando em uma regressão, em que vivenciou a realidade da vida como um escravo, aqui mesmo no Brasil, narrou em detalhes o cheiro fétido da senzala misturado com o odor da queima da cana e, ainda, o sabor aguado do mingau que era dado a todos os cativos.

A dor física costuma, também, ser bastante real. Nesses casos, o Retorno deve ser efetuado com mais atenção ainda, para que a sensação não perdure após a sessão.

2ª. As regressões à vidas passadas parecem ter vida própria

As cenas e os fatos visualizados desdobram-se por conta própria. As pessoas realmente não têm nenhuma interferência no decorrer do que estão testemunhando. Elas percebem que não estão criando aquilo que veem, como em um devaneio. A sensação é que estão vivenciando algo que é familiar, porém, que nada pode ser mudado conforme a própria vontade.

É impressionante como as pessoas tentam modificar a realidade do que estão vendo, a princípio, negando o que acabaram de relatar, em seguida, tentando interpretar de alguma outra forma o que foi visto. Um exemplo disso, bastante interessante, aconteceu com uma de minhas pacientes. Ela me procurou porque estava em crise. Crise com os filhos, porque eles não a obedeciam. Crise no trabalho, porque trabalhava em escritório de advocacia e sempre discutiam e discordavam das suas ordens. Crise com a empregada em casa. Crise com o marido que não acatava suas determinações. Enfim, ela estava em guerra com o mundo porque, segundo ela, ninguém a levava a sério.

E ela aparentava ser uma pessoa com grande senso de responsabilidade e seriedade em seus diversos aspectos. Aborrecia-se profundamente quando achava que não estava sendo ouvida e aceita por seus pares, filhos, marido e colegas de trabalho.

Na primeira sessão, pouco à vontade, só conseguiu se recordar de fatos que ocorreram durante sua primeira infância. Ficou bastante aborrecida porque não havia conseguido a resposta para seus problemas recorrentes atuais.

E, pior, lembrou-se de um fato que só reforçou sua ideia de que desde criança as pessoas não davam a atenção devida ao que ela falava. Ela se lembrou de que, em sua festinha de aniversário de cinco anos, sua mãe preparou a mesa de docinhos e bolo no quintal de sua casa, e ela não queria porque ia chover e estragar toda a festa. Como o dia estava lindo, sua mãe não deu ouvidos. Ela reclamou muito e até chorou. No final da tarde – a velinha ia ser apagada às 18h – o tempo virou e foi uma correria para colocar todos os doces para dentro de casa.

Essa recordação fez com que ela reafirmasse a si mesma que desde pequena ninguém a levava à sério.

Na segunda sessão, após o relaxamento que foi bem profundo, ela começou a rir e fazer uma espécie de piruetas, bem leves, com braços e pernas. Ria muito e fazia caretas. Confesso que, a princípio, fiquei meio confusa e perguntei o que estava acontecendo que a deixava tão alegre. Depois de um tempo, que me pareceu bem longo, enquanto ela continuava rindo e fazendo caretas, respirou fundo e disse:

— Você não vai acreditar! Eu sou um anão! Estou todo vestido com umas roupas coloridas! Cheias de guizo! Eu sou o bufão da corte! (Pausa)

— Não, não, eu estou assistindo um bufão. Ele é bem engraçado! Mas não sou eu!

— Descreva um pouco mais. Se você está assistindo ao espetáculo, como você é? Quem você é?

E ela continuava a quase que como dançar em cima da poltrona.

Estava feliz! De repente, rindo ela me diz:

— Sabe, eu sou o bufão! É verdade! Eu sou o bufão! Eu sou o anão!

E me contou fatos que haviam ocorrido, ali naquele salão, e sobre os quais ele – o bufão – estava fazendo piadas para todos rirem. E, pelo jeito, ele era um bom comediante, porque as pessoas gostavam muito dele.

Levei essa vida até o momento da morte, para verificar se havia ocorrido algum fato grave ligado a esse tipo de vida e profissão. Mas não. Foi uma vida plena, satisfatória, e o anãozinho morreu de velhice.

Fiquei intrigada, mas durante o fechamento da sessão, perguntei a ela o que esta vida passada tinha trazido de lição, que ela pudesse aproveitar para a vida atual.

Sorrindo, ela me deu a chave, do que até aquele momento era uma incógnita para mim.

— Hoje eu aprendi que a gente não pode se levar tão à sério! Que as coisas andam como têm que andar! Que pode ser mais fácil, se for rindo! Não vou mais me levar tão a sério! Hoje eu aprendi que sei rir de mim mesma!

Não preciso dizer que para mim foi uma lição inesquecível.

3ª. A pessoa que está regredida pode analisar a vivência que está se desenrolando sob duas perspectivas: na primeira e na terceira pessoa.

O paciente que está em processo de regressão pode visualizar o fato que está sendo relembrado, tanto da perspectiva da pessoa com que ela se identificou como perceber a cena "de fora" ou mesmo "de cima".

Parece complicado, mas não é. Para melhor esclarecer minha afirmativa, narrarei um dos inúmeros casos em que ocorreram as perspectivas.

Sérgio já havia feito terapia convencional, motivado por problemas de relacionamentos familiares. Como não conseguia se entender com seu irmão mais velho, resolveu procurar a origem da antipatia mais profundamente.

Em sua primeira regressão, Sérgio começou a descrever uma cena de batalha, na Idade Média, onde havia muito sangue. Ele via a cena como se estivesse sobrevoando o campo de batalha. Não estava se identificando com ninguém. Descrevia a luta, sem emoção. E o mais interessante é que havia uma riqueza de detalhes impressionante!

De repente, ele deu um grito muito forte. Encolheu-se e começou a arfar violentamente. Disse que havia acabado de ser ferido na perna, por um dos companheiros de farda. Ele achava que havia sido intencional, e não por descuido. Um sentimento de raiva foi se tornando cada vez maior, à medida que a dor aumentava e ele perdia cada vez mais sangue (muitas vezes a pessoa sente a dor física, quando lembra fatos traumáticos).

Ele não podia se mexer. E foi abandonado ali pela tropa, que havia batido em retirada, por estar sendo dizimada. E ele não se conformava de estar morrendo, por causa de um ferimento provocado por um dos seus, e sem glória nenhuma, já que não tinha conseguido matar nenhum inimigo. E, então, percebeu que este companheiro desastrado, era hoje, seu irmão mais velho.

Por ter sido uma morte muito dolorosa, tanto física como emocional, ele entrou na cena, por cima, como se estivesse vendo algo que nada significasse para ele. Mas como seu inconsciente queria que ele entendesse sua aversão pelo irmão, fez com que se visse mergulhado na personalidade daquele guerreiro que ele havia sido naquela vida medieval.

Esta é uma característica bastante comum das regressões. Muitas vezes, o paciente tem a capacidade de trocar de perspectivas à vontade. Como se fosse uma câmera de TV, mudando de ângulos, para um melhor entendimento do fato.

4ª. As regressões se desenvolvem conforme significados, e não segundo uma sequência histórica

A regressão sempre abordará um tema que seja significativo para o paciente naquele momento específico. Mesmo que não haja o comando para tal, o inconsciente vai liberar o conteúdo emocional das lembranças necessárias e na melhor sequência para o paciente. A regressão não obedece a regras de tempo e nem de sequência Traduzindo em miúdos, o que ocorre é que, às vezes, se inicia uma regressão baseada em queixas que a pessoa faz, criando uma expectativa e uma hipótese, que depois pode se revelar absolutamente equivocada.

Um exemplo disso ocorreu quando um dos meus pacientes chegou ao consultório se queixando de constantes dores de cabeça. Já havia percorrido vários médicos, de muitas especialidades, e o mínimo que se podia dizer é que ele gozava de uma saúde invejável. Mas as dores de cabeça continuavam firmes e fortes. Até que um médico o aconselhou a procurar ajuda psicológica com algum terapeuta.

Como bom engenheiro que é, racional até embaixo d'água, veio me procurar a contragosto. Sua irmã, minha paciente, é que indicou meu trabalho. Além de não acreditar em terapias psicológicas, não acreditava de modo algum em vidas passadas. Era do tipo "morreu, acabou".

Na primeira regressão, chegamos, com muito custo até a sua vida intrauterina. Ele havia nascido muito grande e sua mãe, que ele não reconheceu como tal, havia sofrido muito, tendo que ser um parto com fórceps, para que ele pudesse sair.

Achei que havíamos pegado o fio da meada. Geralmente, um nascimento assim pode provocar esse tipo de reação futura, e quase sempre está ligado a uma morte por asfixia, ou enforcamento, em outra vida. Ele não aceitou o fato, porque nunca havia ouvido nada a esse respeito em sua família. Disse-me que iria perguntar à sua mãe o que realmente havia acontecido!

Passou-se um bom tempo, e eu não soube mais nada dele. Certo dia, ele apareceu no meu consultório para me dizer que estava curado. Mas não porque tivesse nascido por fórceps e sim por ele ter descoberto a sua verdadeira identidade. E, então, me contou que ao perguntar à sua mãe como tinha sido seu nascimento, ela revelou que na verdade ele era filho de sua irmã, que havia falecido no parto. E que por ser mãe solteira, e uma vergonha para toda família, preferiram esconder a verdade e criá-lo como filho dela, já que era casada e ainda não tinha filhos.

É claro que a revelação caiu como uma bomba. Mas depois de digerida e aceita, por perceber o grande amor que a mãe adotiva devotava a ele, as dores de cabeça sumiram. É óbvio que, de alguma forma, seu inconsciente queria que ele tomasse conhecimento dessa verdade. E resolveu assinalar de alguma forma, somatizando emoções. E, o mais interessante, é que ele fez questão de vir me esclarecer os meandros de seu Eu interior. Logo ele, que não acreditava nada em "psicologismos", como fez questão de me deixar claro, logo na primeira vez que me viu.

5ª. As regressões a vidas passadas se tornam mais fáceis com a repetição

Isto porque a pessoa começa a se sentir natural dentro do estado hipnótico, permitindo-se enfrentar o que está sentindo, vendo ou ouvindo. O inconsciente aprende a liberar suas cargas e cada vez mais a regressão será abrangente, dinâmica e vívida.

Assim, as imagens terão, cada vez mais também, uma sensação de familiaridade.

É como uma sensação de *déjà vu*.

Às vezes, a saudades da vida anterior é intensa, porque foi uma vida plena de bons acontecimentos e crescimento espiritual.

Tive uma paciente que rememorou uma vida muito tranquila, em que tinha um grande amor, totalmente correspondido. À luz de velas, ela sempre se via tocando piano para seu amor que a acompanhava em seu violino. Era nos meados do século passado, na Áustria. E sempre que ela fazia uma regressão, queria ir para tal vida. É lógico que isso não acontecia, mas foi muito importante para ela essa lembrança.

6ª. As regressões geralmente refletem problemas atuais

Mesmo que não haja indução hipnótica específica, para que a pessoa regrida a este ou aquele fato significativo, o inconsciente se encarrega disso.

É sempre melhor ter um tema a ser pesquisado, porém pode não ser o mais adequado para a elucidação do problema. É impressionante como o nosso Eu interior intervém e coloca a lembrança mais adequada para o momento.

Sempre que se regride alguém, surgem eventos e situações que refletem os dilemas e conflitos atuais que a pessoa está enfrentando em sua vida presente.

Em diversas oportunidades, a conexão entre as recordações de fatos passados e problemas atuais é feita pelo próprio paciente, ao voltar do transe hipnótico. É por isso que a TRVP é um processo terapêutico que está nas mãos do próprio paciente. Esta técnica propicia o autoconhecimento profundo, e é com ele que as pessoas podem resolver seus problemas mais escondidos, tornando o terapeuta um facilitador para esse processo e um esteio para as implicações psicológicas. Por isso insisto que sempre que for procurar este tipo de terapia, tenha a certeza de com quem a realiza.

É verdade que em algumas regressões as pessoas falam línguas que nunca aprenderam?

Sim. Já vi isto acontecer. Estávamos em um módulo de formação de terapeutas, quando uma colega que havia se disposto a ser voluntária, entrou em uma vida em que ela falava uma língua muito estranha. Resistiu bastante à ordem da nossa monitora que ordenava que seu inconsciente traduzisse o que ela estava falando.

Depois de quase quinze minutos falando torrencialmente naquela língua estranha (a sessão estava sendo gravada), ela começou a falar em português, explicando que estava na China Imperial, há muitos séculos atrás numa das aldeias mais distantes de Pequim. Disse-nos que estava falando em um dialeto daquela área. Era um lavrador muito pobre e nervosinho.

Nossa colega, que nada tinha de asiática, teve o interesse de levar a fita gravada para um professor de chinês, que não conseguiu traduzir tudo o que havia sido dito, mas confirmou que realmente, a estrutura gramatical era de algum dialeto chinês, que tinha se perdido nas brumas do tempo.

Eu vi esta experiência acontecer, mas já soube de muitos casos em que algo parecido aconteceu.

Não é perigoso uma pessoa em estado de depressão, regredir a uma vida passada em que ela se suicidou?

À primeira vista parece ser uma temeridade regredir uma pessoa que está em crise depressiva, porque nunca se sabe o que ela vai se lembrar. O suicida pode achar que morrendo pode vir a renascer em outra vida, como outra pessoa, em outro contexto, isso pode ser tentador. Mas esta não é a realidade. Não é o que acontece.

Quando uma pessoa que está desmotivada, sem alegria, sem objetivos, percebe que já viveu antes e que provavelmente deverá viver outras vidas, perde a ansiedade. Em quase todos os casos, a pessoa percebe o que está lhe fazendo mal. Às vezes, a tristeza e a desesperança tem uma explicação em vidas passadas.

Uma terapeuta amiga, teve um caso muito esclarecedor. Apareceu em seu consultório uma moça, alta executiva de uma multinacional. Solteira, dedicada completamente à carreira, vinha lutando há muitos anos com uma depressão intermitente. Isso ocasionava sérios problemas em seu emprego. Havia tentado vários tipos de psicoterapias e não estava satisfeita. Não acreditava, em hipótese alguma, em vidas passadas, mas resolveu tentar, quando se viu na iminência de pôr fim à própria vida.

Como vinha tendo sonhos muito repetitivos mostrando um soldado envolvido em batalhas sangrentas, dentro de trincheiras na Primeira Guerra Mundial, ela queria saber o porquê desses sonhos. Não havia ninguém em sua família que estivesse, nem de longe, envolvido com essa guerra. O que ela sabia sobre o assunto, se resumia ao que tinha aprendido em escola ou lido em livros.

Ela sonhava e acordava suando muito, com taquicardia, muito amedrontada e completamente deprimida. Achava que com o método de regressão de memória poderia se lembrar do que, em sua infância, estaria provocando esses sonhos.

Somente na segunda regressão veio a lembrança da vida passada nas trincheiras. Ela se viu como soldado raso em plena guerra, fazendo parte da artilharia. A narrativa dos fatos, os detalhes sangrentos e cruéis fizeram com que a regressão fosse uma das mais fortes que esta minha amiga tinha tido oportunidade de registrar.

O soldado veio a morrer, depois de sofrer muito medo, angústia e pavor.

— Nunca havia visto uma regressão tão carregada de emoção. Confesso que cheguei a perder o fôlego, quando o soldado estava descrevendo a própria morte, despedaçado como estava. Foram, realmente, momentos difíceis para mim e à minha paciente. Acontece que o soldado, quando estava em vias de morrer, só tinha ideias a respeito da inutilidade da vida. E morreu extremamente revoltado com o desperdício de sua vida, e acreditando que era tolice viver! – afirmou ela.

Acredito que a reencarnação se deu muito próximo à vida anterior, e ela tinha muito viva, dentro de si, aquela "verdade" do infeliz soldado!

Sempre tomo muito cuidado, quando um paciente meu se apresenta em estado depressivo. Se nunca havia apresentado traços depressivos e não há uma justificativa atual, procuro ter a certeza de que um estado psicótico não está sendo mascarado. Só após esse cuidado, é que recomendo a TRVP.

O que acontece quando uma pessoa bem resolvida sexualmente, se descobre homossexual, em outra vida?

É bastante interessante a diferença de posições.

Se acontecer com uma paciente, plena em sua feminilidade, relembrar uma vida em que foi um homossexual com todos os problemas surgidos, a reação quase sempre é de pleno entendimento e de alívio por ser mulher agora.

E o mais interessante é que passa a entender os homossexuais e a respeitá-los; mas tem muita dificuldade em aceitar que um membro de sua família seja ou se torne homossexual.

Isso, penso eu, deriva do sofrimento que quase sempre experimentou durante a encarnação como homossexual. Ou da pressão social que existe.

Na realidade existem muitas facetas para que se possa apontar uma única causa determinante dessa reação.

Quando acontece com um paciente, muito cioso de sua masculinidade, a reação é quase sempre de espanto e negação.

Mas é interessante como essa revelação modifica o comportamento emocional desse tipo de paciente. Ficam mais acessíveis para aceitar aquilo que antes, achavam ser uma fraqueza de sua personalidade.

Em geral se permitem chorar e se emocionar! Percebem que não precisam ser durões para serem respeitados como homens. E que, agora, podem se permitir expressar emoções, sem ter o risco de serem apontados como homossexuais. É uma modificação sutil, que às vezes eles negam estar acontecendo, mas que alguns aceitam.

Mas, da mesma forma que as mulheres, custariam a aceitar a homossexualidade em sua própria família.

É claro que não são todos que pensam assim. Mas, na média geral, é o que se ouve dentro dos consultórios.

O que acontece quando um homossexual, procurando esse tipo de terapia, se vê em outra vida como um heterossexual?

Isto é bastante comum. Em geral, não se espantam ou se comovem.

Há muitos casos em que o homossexual, nascido homem nesta vida atual, viveu muitas vidas seguidas como mulher, e parece que não consegue mais se adequar ao ritmo masculino.

Mas muitas vezes e a partir daí, há mais aceitação e entendimento de sua condição atual. O que diminui, em muito, o seu sofrimento por quebrar regras.

Estou desenvolvendo uma pesquisa junto a homossexuais, trabalhando com dezenas de regressões, cruzando dados, aprofundando meus conhecimentos, para melhor entender estas pessoas que amam, sofrem, e muitas vezes, não são aceitas pela sociedade e nem pelos seus mais próximos entes queridos.

É necessário que essas pessoas sejam entendidas e que o preconceito seja erradicado! Mas esse tema é complexo e virá melhor desenvolvido na segunda parte deste meu livro, Homossexualidade na Terapia de Vidas Passadas[8], baseado nas pesquisas acima mencionadas.

Voltando à pergunta central deste tópico, há alguns anos atrás tive um paciente que me procurou queixando-se

---
[8] Este material ganhou duas edições em um livro separado. Agora faz parte dessa obra. (N.E)

basicamente de uma profunda dor na região do abdômen, contínua e sem a mínima razão clínica.

Era um rapaz de aproximadamente 38 anos. Moreno, olhos verdes, com jeito de galã, em nenhum momento deixou transparecer sua homossexualidade. O único fato diferente, se assim se pode dizer, é que ele informou que não tinha ligação afetiva com nenhuma mulher. Havia tido uma namoradinha em sua adolescência, mas era só. Muito falante, só se referia ao seu trabalho, aos relacionamentos de negócios e muito pouco sobre sua família e relações pessoais.

Na primeira regressão, ele se viu como um soldado romano, em que morria atingido no abdômen, por uma lança inimiga. Fizemos então a anulação de seu mandato, já que ele havia descoberto a razão de suas dores abdominais. Quando eu já me preparava para realizar a reenergização, ele entrou em outra vida, agora como um pequeno fazendeiro.

Era noite fechada, ele, sua mulher e seus filhos jantavam sossegadamente. De repente, a sala foi invadida por homens mal-encarados. Tinham vindo em busca de valores e dinheiro. Eram malfeitores que estavam apavorando a vizinhança, e esse fazendeiro já tinha avisado a família do perigo. Todos ficaram muito assustados.

Os bandidos ameaçaram de morte toda a família caso não obtivessem tudo que queriam. Como ele não dispunha de dinheiro e nem de valores, já que eram apenas de poucos recursos, os bandidos começaram a destruir tudo à sua volta. Como represália mataram dois de seus filhos, a golpes de facas.

O fazendeiro, desesperado, tentou negociar com eles, um prazo para que fosse possível levantar algum dinheiro vendendo na vila alguns poucos pertences, no dia seguinte.

Sua mulher, desesperada, chorava e gritava muito, o que fez com que fosse espancada até a morte. Enlouquecido de dor, pois era apaixonadíssimo pela esposa, atirou-se em luta corporal com os que o mantinham preso pelos braços. O resultado é que acabou levando várias facadas no abdômen, o que o levou à morte.

> **Seu último pensamento foi:** *"Nunca mais vou me casar ou ter família, porque se pode perder tudo na vida, mas nunca a própria mulher e filhos! Nunca mais vou querer amar uma mulher e ter filhos com ela! Nunca mais! Isso faz a gente sofrer demais!".*

Novamente surgia morte por ferimentos na região do abdômen. Para mim já estava mais do que esclarecida sua queixa inicial.

Qual não foi meu espanto, quando ele chorando muito me disse: *"Agora entendo porque nunca consegui me relacionar com mulheres. Porque sempre tive medo desse tipo de relação. Por isso eu prefiro homens! Porque com eles sempre achei que não houvesse perigo em formar família!".*

Eis o mandato que ele havia feito em outra vida anterior. A verdade que havia ficado em seu inconsciente era que seria extremamente perigoso e doloroso se relacionar com mulher, pois poderia vir a perder não só a ela, mas também a seus filhos.

Quando ele retornou, já bastante calmo e composto, seu olhar era tão feliz que me impressionou. Disse-me que eu tinha sido a primeira pessoa que sabia da sua situação, excluindo é claro seus companheiros homossexuais. Que desde adolescente ele escondia, com sucesso, seu comportamento. E que havia me procurado por causa das dores abdominais e não porque quisesse mudar ou entender suas preferências. Mas que agora ele podia se entender muito melhor e deixar de se perguntar porque era diferente de toda sua família.

Posso afirmar que ele saiu, realmente, muito feliz consigo mesmo!

O que acontece quando uma pessoa que é íntegra, honesta, descobre que em vidas passadas foi um assassino, uma pessoa verdadeiramente maligna?

É curioso, mas a pessoa quando regredida, mesmo que esteja narrando fatos em que é autora de atos terríveis, não se sente culpada. Naquele momento, sempre há uma explicação razoável para aquela ação criminosa. Só no decorrer da regressão, no desenrolar daquela vida, é que aparecem as lições que marcaram profundamente o inconsciente.

Impressionante como o aprendizado que vem dessas vidas é verdadeiramente marcante. Quanto maior foi a maldade praticada em uma vida anterior, maior a bondade praticada na vida atual.

Isto não quer dizer, em absoluto, que todas as pessoas bondosas que conhecemos tenham sido más ou criminosas em algum momento de suas vidas passadas.

Normalmente, estas lembranças ocorrem quando há problemas na área de relacionamentos interpessoais. As pessoas, neste caso, procuram a terapia quando, por exemplo, não entendem porque um filho o odeia tanto, ou porque não podem suportar o toque da própria mãe sem terem o menor motivo para tal. Ou ainda porque tem verdadeira aversão por este ou aquele irmão ou irmã.

Tive como paciente um senhor de seus sessenta anos que me procurou muito triste e abatido. Dizia que sua família tinha sido sempre muito unida, mas que com o nascimento de um neto, as coisas haviam mudado muito.

Sua filha mais velha, muito querida, havia tido esse menino, que já tinha nove anos de idade. Desde muito pequeno o menino não o suportava. Por mais que ele fizesse, o neto o rejeitava. E isso estava provocando cenas de desentendimento no seu núcleo familiar.

Por mais que ele procurasse em sua memória, não conseguia achar nenhum motivo que justificasse a atitude do neto.

Meu paciente estava com medo da raiva que já estava sentindo do próprio neto. Tinha medo que isso se agravasse, até um ponto insuportável de convivência familiar.

Somente em sua terceira regressão apareceu o motivo. Numa vida passada na Índia, meu paciente era um comerciante de altas posses, porém tinha um temperamento muito explosivo e agressivo. Apesar disso, tinha entre seus irmãos um que era muito querido para ele. Tinha absoluta confiança nele e o deixava tomar conta de seus negócios, enquanto estava fora, pois era um mercador de especiarias e necessitava se ausentar constantemente para a busca de novos produtos e clientes.

Certo dia, voltando para sua cidade natal, soube por um conhecido que seu irmão estava vendendo seus produtos e suas especiarias para um concorrente inimigo, muito abaixo do preço. Enfurecido, sem pensar, este comerciante partiu para casa de seu irmão e sem muitas explicações perfurou sua barriga várias vezes e o degolou com sua adaga.

Somente no dia seguinte, ficou sabendo que não era verdadeiro o que haviam contado, mas como era uma pessoa extremamente violenta e de maus instintos, na hora da raiva, nem deu chance para que seu irmão se explicasse.

Na realidade não havia ocorrido a tal venda, e seu irmão de nada sabia e morreu gritando para ele que não entendia o que estava ocorrendo, mas que nunca o perdoaria, por toda eternidade.

Este olhar, perdido de ódio, foi a última recordação que o mercador teve de seu irmão, até o último dia de sua vida, cheia de arrependimento e amargura. E foi através desse olhar, magoado e ressentido, que meu paciente reconheceu o próprio neto.

Aliás, uma das formas mais comuns que se tem de reconhecer pessoas, que já se relacionaram conosco em outras vidas é pelos olhos. É incrível como a forma de olhar permanece a mesma através dos tempos. Pode haver mudanças no sexo, na cor, na raça, mas a expressão dos olhos continua sempre a mesma. Talvez por isso se diga que "os olhos são o reflexo da alma".

É lógico que meu paciente não poderia contar de imediato paraseu neto o que havia descoberto, mas o entendimento da reação e das atitudes dele, fez diminuir suamágoa.

Ele me disse que, provavelmente, nunca teria coragem de dizer a seu neto o que tinha acabado de recordar, mas que tentaria fazer com que seu amor por ele fosse maior do que todo aquele ressentimento. Que acreditava na força do amor para terminar aqui, aquela história maldita!

O que acontece quando pessoas brancas, se veem como negras em vidas passadas? E quando acontece o inverso, como fica?

Nada de muito diferente de qualquer regressão. Às vezes, a pessoa estranha e não se identifica. Como eu peço que a pessoa entre na situação de regressão visualizando os próprios pés, se a cor for diferente da atual há uma dificuldade em perceber se são seus ou não. Mas, em poucos minutos, a pessoa aceita o que está vendo e se recorda com facilidade.

Certa vez estava fazendo regressão em Róbson, um surfista, rapaz alto, forte e negro. Quando pedi a ele que olhasse para o chão e visse seus pés, começou a rir. Riu tanto, que voltou espontaneamente da indução.

Então ele me disse: "Me perdoe, mas não aguentei! Esperava tudo, mas nunca aquele pezinho branquelo. Eram dois pés tão miúdos, tão branquinhos, que eu não aguentei. Logo eu que tenho uma chulapa 44, bico largo. Vejo todos os dias meus pezões, negrões, na prancha e de repente me vejo dono, ou melhor dona, de dois pezinhos branquinhos como neve. Ah, não deu! Não aguentei! Desculpe!"

É óbvio que naquele dia não deu mais para continuarmos a regressão, porque esse meu paciente é muito brincalhão e ficou zombando de si mesmo e de seus pés branquelos de outra vida.

Aliás, esse é um bom exemplo daquilo que eu chamo de "força reguladora do inconsciente".[9]

Nesta vida, Robson é um grande amante do mar, entre outras coisas. Adora surfar e é um exímio nadador. Já ganhou vários campeonatos de natação em seu clube.

Ele conseguiu elaborar um grande trauma de vida passada sem saber disso conscientemente. Quando ele recordou a vida como uma menina escocesa, no final do século passado, se viu entrando no mar, toda vestida, só com os pés descalços. Ela estava tão encantada, que foi entrando sem se dar conta do tamanho das ondas e do perigo a que se expunha. A praia era encravada em meio a escarpas e falésias de pedras. A menina estava em cima de um promontório que entrava pelo mar.

Estava com um cachorrinho que brincava com ela, pulando de um lado para o outro. O cachorrinho pulou para o mar e ela foi atrás.

Neste momento, uma onda muito forte a arrastou para o fundo. Ela caiu e começou a se debater, engolindo muita água e perdendo a respiração. Assim ficou durante muito tempo até que morreu. Seu último sentimento foi de raiva e muito desespero por não conseguir vencer o mar, que era tão lindo, mas muito perigoso.

Esse núcleo traumático ficou registrado profundamente em seu inconsciente, com a sua força reguladora; e fez

---

[9] Conceito da autora.

com que ele, nesta vida, dominasse não só a arte de nadar como também a força das ondas do mar.

Essa regressão serviu para mostrar que possuía muito mais força interior para dominar os problemas que a vida jogava no colo, do que ele supunha.

Foi essa a verdade que ele descobriu. Os problemas de racismo que enfrentava poderiam ser solucionados por ele mesmo, porque possuía uma grande força interior.

É uma clara demonstração de que não é necessário que todos nós nos lembremos o que fomos e o que sofremos. O nosso espírito tem a força necessária para que enfrentemos os problemas que porventura tenham origem no passado.

Essa recordação é necessária quando o peso de um trauma esteja sobrecarregando o inconsciente e este precisa de ajuda externa.

É quando aparecem os sintomas do desequilíbrio físico e do psíquico. É por isso também, que nunca se faz apenas uma regressão de memória para simplesmente matar uma curiosidade, para confirmar ou não afirmações de videntes, cartomantes, etc.

Meu paciente não ficou feliz ou infeliz de se ver na pele de uma menina branca. O mais importante para ele foi descobrir que possuía um espírito forte e o seu potencial de resolver problemas.

Mesmo porque ele se viu, em outras regressões, como uma lavadeira branca na Idade Média, como um egípcio feitor de escravos, enfim mudando de sexo e de cor muitas vezes, o que o ajudou muito, não só na aceitação de ser um homem negro, com ter orgulho disso!

Já tive vários casos de pessoas que são brancas nesta vida, e que já foram negras em outras.

Inicialmente estranham, mas no decorrer da regressão aceitam normalmente, e perdem todo e qualquer preconceito que pudessem ter.

Aliás, esse tipo de terapia mexe profundamente com valores negativos e preconceitos que carregamos durante a vida sem percebermos.

É verdade que essa técnica de regressão ajuda muitas pessoas com problemas de excesso de peso? Pessoas que comem compulsivamente?

Em alguns casos isso é real, mas nunca se faz uma regressão com esse objetivo. A regressão de memória não pode ser confundida com métodos de emagrecimento.

Existem vários casos de obesidade em que a pessoa não consegue administrar a compulsão por comer. Mas antes de se fazer uma regressão para tentar descobrir o motivo de tal disfunção, é necessário que se esgotem todos os tratamentos médicos para tal.

A meu ver, como auxiliar psicológico, a TRVP é um dos métodos mais eficazes, se houver no passado um fato provocador da sua compulsão.

É bastante comum aparecerem casos desse tipo no consultório. Pessoas que já perderam as esperanças em mil e uma tentativas de emagrecimento, e que se conseguem equilibrar a vontade desesperada de comer, por um tempo, logo que se veem um pouco mais magras, voltam a comer compulsivamente.

Luzia, uma linda moça, me procurou com esse tipo de problema. Já havia feito um sem-número de tentativas, mas sempre acabava retornando ao peso inicial, que, diga-se de passagem, não era pouco.

Então, seu endocrinologista sugeriu que ela procurasse, junto com o tratamento médico, um suporte psicológico.

Seu estado emocional era um misto de ansiedade e descrença. Durante a primeira sessão comeu duas barras de chocolate, e quando essas acabaram, disfarçadamente tirou da bolsa um pacote de bolachas de leite, e foi comendo até ao final da nossa conversa.

Disse-me que na família toda, só ela era obesa. Seus irmãos tinham constituição física normal. Desde muito pequena, se lembrava de que procurava comida incessantemente.

Estava iniciando um novo regime com seu médico, e queria ver se conseguia ter sucesso desta vez.

A primeira sessão foi dirigida exclusivamente para a pesquisa de fatos desta vida que pudessem estar influenciando essa vontade voraz de comer. O relaxamento inicial foi um tanto complicado porque ela interrompia, a cada etapa, para dizer que estava com um "buraco no meio do estômago". Mas, aos poucos, a ansiedade foi diminuindo e conseguimos percorrer, juntas, o seu passado. Nada de determinante foi encontrado.

Na segunda regressão, Luzia se viu como um nômade no deserto. Era um grupo de umas vinte pessoas que estavam indo em busca de um lugar que tivesse água e alimento. Mas houve uma tempestade muito violenta de areia, e o grupo se dispersou.

Esse nômade se viu só quando a tempestade diminuiu. Ficou muitos dias andando a procura dos outros integrantes da caravana. (Enquanto Luzia narrava suas lembranças ela suava muito, apesar do frio que estava fazendo naquele dia). As suas reservas de comida e água se esgotaram completamente e muito magro (Luzia franzia o rosto com expressão de horror, quando descrevia como estava esquelético), desesperado, no fim de suas forças, prometeu a si mesmo que nunca mais passaria fome novamente. Em seguida morreu de fome, literalmente.

Esse tipo de ordem interna permaneceu em seu espírito. Esse núcleo traumático estava impedindo que ela conseguisse ter êxito no seu tratamento para emagrecer. A lembrança inconsciente daquele corpo ressequido pela fome e pela sede, também fazia com que ela se sentisse mais segura com uns quilos a mais.

A seguir, fizemos juntas um bom trabalho para a modificação do comportamento compulsivo de comer, e com a ajuda especializada do endocrinologista, ela conseguiu emagrecer em seis meses o que era necessário para ser saudável e feliz.

E pelo que soube, ela tem conseguido se manter em níveis normais de peso, sem a síndrome do ioiô.

Você diz que as pessoas reconhecem em outras vidas, parentes, amigos, amantes desta vida. Como pode haver essa certeza? É verdade que muitos deles já estiveram conosco em outras vidas?

Os pacientes costumam reconhecer, em suas lembranças, pessoas que estão atualmente junto delas pela expressão do olhar.

Poucas afirmam que reconheceram pela forma de andar ou por outro motivo qualquer.

É bom que fique muito claro que essas identificações são de caráter absolutamente espontâneo. Não se induz ou se sugere esse tipo de reconhecimento, por questões óbvias.

O interessante é que quando isso ocorre, a pessoa fica espantada! Às vezes muito feliz, outras nem tanto.

Durante meu curso, ocorreu um reconhecimento muito feliz!

Nossa monitora estava aplicando a regressão em uma de nossas colegas. Quando estava no meio do trabalho, a voluntária voltou espontaneamente à vida intrauterina daquela vida passada, e começou a chorar de mansinho, de pura alegria, porque descobriu que a mãe daquela vida era a mesma desta vida. E ela se dava muito bem com ela. O amor que unia e une as duas ainda hoje é realmente muito bonito!

Quanto a certezas, só quem reconhece é que pode dizer.

Para nós, terapeutas, o que importa é o contexto do fato e a importância que ele possa ter na estrutura emocional do paciente.

Um dos meus pacientes, em regressão, reconheceu seu irmão desta vida, no amigo que o salvou da morte naquela existência, quando ocorreu uma avalanche de pedras.

No momento e pelo que eu saiba, não há pesquisas que quantifiquem as pessoas que reconheceram ou não parentes ou amigos em outras vidas, mas eu diria que há um número razoável.

Meus colegas e eu estamos sempre observando isto ocorrer, até com certa frequência.

Por que as regressões só trazem lembranças doloridas e intensamente sofridas?

Isto não é real. O que acontece é que as regressões que provocam mais necessidade são as que recordam de fatos chocantes que estão mal resolvidos e provocam desequilíbrios nesta vida; mas têm que ser solucionados.

Nem sempre só as recordações de fatos traumáticos ajudam no restabelecimento da harmonia interna. Inúmeras vezes, o inconsciente vai buscar em fatos felizes vividos no passado, a força para a solução de problemas atuais.

Um colega meu, excelente médico, contou-me o caso de uma paciente que ele vinha atendendo já há algum tempo e apresentava um quadro típico de depressão. Ela não queria fazer regressão por motivos religiosos.

Certo dia, cansada de se sentir sempre mal e desesperançada, resolveu como último recurso submeter-se à TRVP.

Meu colega a questionou muito porque poderia haver a possibilidade de agravamento da depressão caso ela não conseguisse regredir. Além do que a técnica é só mais um recurso terapêutico e nunca a solução definitiva de todos os problemas.

Manteve o tratamento que estava em curso, mas após algum tempo, em que ela manteve a decisão interior de mergulhar em seu passado, foi feita a mais linda regressão que ele teve a oportunidade de realizar.

A vida que ela se recordou foi extremamente feliz! Era a esposa amantíssima de um nobre na França. Ele se dedicava ao cultivo de uvas e adorava fazer versos para ela. Se apaixonaram desde a primeira vez que se viram. Casaram em pouco tempo e tiveram três filhos. Passaram-se os anos e vieram os netos.

Durante todo o tempo, o amor que os unia foi se tornando mais forte. Morreu já bem idosa, junto de todos.

— E que lição você tira dessa vida praticamente perfeita? Em que essa lembrança pode ajudar você nesta vida? Pergunte ao seu inconsciente – questionou o terapeuta.

— Eu aprendi que posso ser feliz! Que isso pode acontecer! Eu já fui muito feliz e, portanto, nada me impede de ser de novo! Eu sei agora que isso acontece de verdade! Sinto tanta paz e alegria como nunca senti antes! Chega de tristezas! Vou lutar por mim! Vou ser feliz! – respondeu a paciente, com os olhos cheios de lágrimas.

Esta regressão, tão plena de amor e de alegria, foi o passo inicial da cura da depressão.

A paciente parou até de tomar remédios e realmente reestruturou a sua vida, em busca da felicidade que tinha a certeza de poder vir a desfrutar.

Não é mágica! É o inconsciente agindo a nosso favor. A TRVP só facilita vir à tona os fatos que fortalecerão nosso Ego, produzindo uma maior harmonia interior, curando assim os conflitos atuais.

Por que você não recomenda que se faça auto regressão?

Realmente não aconselho que se faça a regressão sozinho; a auto regressão pode provocar riscos desnecessários.

A pessoa que se submete a esse tipo de técnica regressiva não tem ao seu lado um terapeuta que a auxilie a sair de situações difíceis que podem se apresentar. Já vi muita regressão em que a pessoa se vê, por exemplo, morrendo enforcada ou afogada e se debate e engasga como se estivesse realmente passando por aquilo novamente. Nesses casos, é necessário que o terapeuta conduza o paciente de fora da cena, para que ele tão somente assista e recorde-se, sem o desconforto do sufocamento.

Desta forma, a pessoa pode se lembrar até com mais detalhes da cena, já que a sua aflição está dentro de um contexto de controle. Como a auto regressão se faz, em geral com o auxílio de gravação, em que alguém dá as sugestões ou comandos para o regredido, não há essa possibilidade.

Outro dos problemas que vejo, é que a pessoa não tem quem lhe faça uma Terapia de Apoio imediata, logo após a sessão, para fechar com sucesso a experiência que acabou de ocorrer. A pessoa fica meio solta, meio perdida, sem poder trocar informações com alguém que esteja apto a lhe ajudar.

Tenho uma amiga, quase uma irmã, engenheira mecânica de uma multinacional, que há algum tempo atrás resolveu, por conta própria, regredir ao seu passado.

Não sei quem lhe emprestou algumas gravações que induziam a uma Regressão à Vidas Passadas. Esse alguém tinha lido em alguma revista um roteiro para se conseguir a auto regressão e fez a gravação. Muito interessada, ela resolveu experimentar.

Realmente "santo de casa não faz milagre"! Somos tão amigas e ela não quis nunca regredir comigo, mas com certeza tinha muita curiosidade, já que não hesitou em experimentar em si mesma a auto regressão. Mas isso era bem a cara dela. Autossuficiente ao extremo!

Escolheu experimentar a auto regressão à noite, antes de dormir. Tudo estava indo muito bem, até que ela entrou direto em uma cena em que estava sendo perseguida por um homem enorme, com uma espécie de capa preta, em uma viela escura, no final do século passado, em uma cidade que lhe pareceu ser Vila Rica, hoje Ouro Preto.

O homem corria muito para alcançá-la, com algo como uma pedra nas mãos. Ela corria muito, porque sabia que se fosse alcançada, seria morta.

Voltou repentinamente dessa experiência, absolutamente aterrorizada. Suando muito e tossindo como se tivesse realmente corrido desabaladamente; sentia a cabeça explodindo de dor. Tentou acalmar-se e procurou dormir. E passou a noite toda com pesadelos, sempre envolvendo a cena que havia recordado.

Uma semana depois, ela veio me procurar e, bastante a contragosto, narrou o que havia ocorrido. Tinha passado a semana tendo pesadelos todas as noites e com a sensação de que havia sempre alguém ameaçador atrás de seus ombros.

Outra reação que ela percebeu foi a de que tinha dificuldade de se lembrar em que dia estava. Para fazer um simples cheque precisava recorrer ao calendário, e essa confusão mental estava deixando-a irritada.

Fiz uma leve indução e ela conseguiu finalmente se recordar, com calma, o final do episódio e tirar dali a lição que precisava para a solução de um problema que estava enfrentando naquela época.

É certo que nem todas as pessoas que fazem auto regressão, deverão passar por esse tipo de circunstâncias, mas que tomem cuidado e tenham à mão um terapeuta experiente para qualquer eventualidade.

É verdade que as crianças têm memórias de vidas passadas? Como saber se elas são verdadeiras?

As crianças realmente têm lembranças de suas vidas anteriores, às vezes bem nítidas. É muito comum elas relatarem fatos que os adultos não entendem e que, por nossa cultura, não procuram dar atenção.

Quantas vezes já se ouviu uma criança dizer, por exemplo: "Sabe, mamãe, quando eu era grande, eu gostava muito de andar a cavalo, mas um dia eu caí e morri.".

Esse tipo de memória é de cunho absolutamente espontâneo, sem haver qualquer tipo de indução proposital.

O fato que vou narrar me foi passado por uma colega, especialista em Regressão de Memória de Vidas Passadas em crianças.

Sônia, mãe orgulhosíssima de Renato, vivia sempre às voltas com o que havia de melhor em matéria de brinquedos pedagógicos.

Renato, uma criança extremamente inteligente, vivia sorrindo e encantando a todos os que o cercavam. Seu entendimento realmente era de espantar. Tinha tiradas fantásticas para sua pouca idade. A única coisa que o tirava do sério era barulho de fogos de artifícios.

Realmente era de espantar, porque nada o atemorizava. Sequer o barulho de trovões. Mas quando havia qualquer comemoração com fogos, ele corria para baixo de algum lugar, apertava os ouvidos e chorava bem baixinho. Não fazia escândalo, nem gritarias. Somente chorava, fechando sua boquinha, sem emitir um único som. Suas mãozinhas ficavam geladas e seu coração completamente disparado.

Sônia procurava mostrar a ele que os fogos não eram perigosos, já que explodiam bem longe, lá no céu, e que além de ser um lindo espetáculo, refletiam alegria e comemorações.

Petrificado, Renato parecia não ouvir. Às vezes balbuciava alguma coisa incompreensível. Sônia tinha a impressão de que ele falava em uma língua desconhecida, mas como era praticamente um sussurro, não tentava entender.

Na ocasião de seu aniversário de quatro anos, Renato ganhou de seu tio André um lindo navio pirata, de madeira. Completamente feito à mão, que reproduzia com perfeição e nos mínimos detalhes, uma embarcação daqueles tempos. Inclusive os canhões, que eram réplicas em metal, dos verdadeiros.

Renato, sentado no chão, junto ao tio, abria o presente todo feliz. De repente, ele viu os canhões. Empalideceu, começou a chorar e levantando-se saiu correndo da sala.

O tio, sem saber o que fazer, completamente desconcertado, foi atrás do garoto. Renato estava embaixo da cama, completamente encolhido, em posição fetal, chorando baixinho, murmurando alguma coisa.

O tio se aproximou dele e começou a lhe falar baixinho, palavras de carinho. Renato soluçando muito começou a falar mais alto. O tio, intrigado, começou a prestar a atenção e tentar decifrar o que ele dizia. E foi com muito espanto que percebeu que Renato falava frases em Francês. Por ser professor de línguas, começou a perceber que o menino estava falando uma gíria utilizada por embarcadiços nos idos de 1800, em Marseille, na França e região.

Em francês, perguntou ao menino o que estava acontecendo. Renato, de olhos fechados, respondeu em gíria marselhesa:

— Daniel, não ouves os canhões? Vamos todos morrer aqui! Vamos morrer queimados. Escuta, escuta o barulho!

André o acalmou e lhe disse que nada disso estava acontecendo. Que ele se chamava André e não Daniel, que Renato devia ter visto algum filme na televisão e que nada de mal aconteceria a nenhum dos dois. Renato continuou chorando baixinho e de repente, gritou em francês:

— Estou queimando, estou queimando, me acudam! Por Deus, me acudam!

André saiu do quarto e foi chamar Sônia, sua irmã. Ela estava servindo salgadinhos, completamente alheia ao desenrolar dos fatos. Correu ao encontro do filho.

Chegando no quarto de Renato o encontrou sentadinho no chão, sem chorar e olhando fixamente as próprias mãos. Olhou a mãe e disse:

— Sabe mãe, quando eu era grande, o fogo queimou *todo eu*. Minha mão, meu braço... tudinho. Mas agora, já passou! Tá novinho!

Sônia o abraçou forte e em seguida perguntou se ele queria voltar para a sala. O menino sorrindo disse:

— Quero sim. Vou brincar com o navio de quando eu era grande!

Dias depois, Sônia foi procurar uma terapeuta de TRVP especializada em crianças. E Renato teve a Terapia de Apoio, baseada em Ludoterapia e nunca mais teve medo de barulhos de fogos.

É de se considerar que, geralmente, as lembranças de vidas passadas em crianças recaem em momentos de morte extremamente traumáticos.

Dr. Ian Stevenson, chefe do Departamento de Neuropsiquiatria da Universidade de Virgínia (USA), um dos maiores pesquisadores em todo o mundo de casos de regressão espontânea de Vidas Passadas em crianças, demonstra claramente, em um de seus livros, que o momento da morte violenta se transforma em um verdadeiro gatilho que aciona este tipo de memória. Na verdade é um dos padrões, em regressões espontâneas de vidas passadas, que não ocorrem somente em crianças, mas que é mais comum de se ver nelas.

As mortes violentas envolvem emoções fortíssimas, cortando de súbito a existência, deixando a pessoa que morre completamente angustiada, desesperada. No caso de crianças, esse tipo de memória costuma ser bastante forte, necessitando às vezes de um fechamento terapêutico.

O que é "Entre Vidas"? Isto existe? É comum surgirem estas memórias durante a regressão?

Com certeza este assunto é o que causa mais espanto quando se comenta sua existência.

Este estado atemporal, de uma existência entre duas encarnações, é de difícil aceitação para nós, ocidentais. Mas é uma ideia muitíssimo antiga no oriente.

Os antigos tibetanos tinham uma imagem bastante significativa do que é este espaço entre vidas, ao qual denominavam de *bardo,* que literalmente significa o espaço que separa ilhas. Realmente este estágio é de grande significado para a alma.

O *Bardo Thödol*[10], conhecido entre nós como *O livro tibetano dos mortos,* surgiu por volta do século VIII e descreve as experiências que um ser humano passa ao desencarnar. Presume-se que este livro é produto de várias experiências de viagens extracorpóreas, através de muitas e muitas gerações e utilizado ainda hoje junto a moribundos.

Esta mesma figura do *bardo* tibetano, aparece em várias culturas antigas, com o mesmo significado e nomes diferentes, como por exemplo, para os antigos egípcios que o chamavam de *amenthe.* Eles admitiam a vida entre vidas e, por isso, não só construíam túmulos suntuosos, apesar de morarem em casas humildes, como se asseguravam que seus mortos estivessem bem equipados para enfrentar quaisquer dificuldades no outro mundo. Por isso seus

---

10 https://pt.wikipedia.org/wiki/O_Livro_Tibetano_dos_Mortos

corpos eram enterrados com roupas, armas e utensílios dos mais variados.

Também entre os Sumérios, povo que habitou a Região Norte do atual Golfo Pérsico por volta do ano 3.400 a.C., existia a mesma noção de vida entre vidas, fazendo que os servos de uma casa fossem mortos, quando seu senhor falecia, para continuarem servindo-o na vida seguinte.

Enfim, em dezenas e dezenas de credos religiosos, desde o Budismo chinês até ao Cristianismo primitivo, sempre a figura da existência entre vidas foi contemplada com seriedade. Talvez o Purgatório católico romano, tão bem representado e inspirado por Dante, seja originário da interpretação dessa ideia.

O mais interessante é que existem descrições muito similares dos estágios que uma alma percorre entre as mais diversas civilizações. Entre eles a visão de uma luz extremamente brilhante, que aquece e dá uma imensa sensação de paz, a possibilidade de uma revisão da vida que acabou de ser vivida e uma sensação de atemporalidade muito extensa.

E o curioso disto é que as pessoas que passam por uma Experiência de Quase Morte[11] (EQM), relatam estágios muito semelhantes.

Dr. Raymond A. Moody Jr., famoso psiquiatra americano, fez um detalhado estudo junto a pacientes que passaram pela EQM e relata com fidelidade todo seu estudo em seu

---

11 https://pt.wikipedia.org/wiki/Experi%C3%AAncia_de_quase-morte

livro *Vida após a vida*. Nele estão descritos claramente estas etapas de passagem.

Quanto a ser comum o surgimento desse tipo de memória no decorrer de uma sessão de TRVP, posso afirmar que depende do caso em si. Não se tem uma estatística a respeito.

Há vários estudos sobre este tipo de memória. Um dos mais famosos reúne dois cientistas canadenses, Dr. Joel Whitton e Dr. Joe Fisher.

Neste estudo se reúnem vários casos e relatos detalhados das experiências de memória entre vidas.

Dr. Whitton chama de metaconsciência o estado que pode ser definido como a percepção de uma realidade além de qualquer estado conhecido de existência.

É completamente diferente de viagens extracorpóreas, sonhos, regressões à vidas passadas ou qualquer outro estado alterado de consciência.

As pessoas que passam por esta experiência, durante uma sessão de TRVP ficam como que sem palavras para descrever o que veem. A sensação de paz demonstrada na face e em toda expressão corporal é tão evidente que o terapeuta que acompanha o processo fica completamente tocado e é difícil não se sentir emocionado também.

Quando o paciente está neste estado de metaconsciência é bombardeado com um sem número de experiências e significados que precisam de alguma forma decodificar e traduzir para que o terapeuta que o acompanha possa entender a sua percepção.

Geralmente recorrem a símbolos, os mais diversos, para tentar explicar este mundo onde parece não existir tempo ou espaço.

Os primeiros pacientes que quiseram se submeter voluntariamente a este estado de consciência, o fizeram simplesmente com o objetivo de ajudar a pesquisa e não esperando nenhuma recompensa além da oportunidade de mergulhar em domínios onde poucos seres humanos encarnados estiveram.

Os pesquisadores, por sua vez, não sabiam qual seria o alcance dessa experiência, em termos de transformação interior do paciente. Mas assim que se começou o levantamento dos dados se percebeu que o valor terapêutico era inestimável.

Um dos fatores mais significativos foi o de ter consciência do por que a pessoa ter escolhido o seu tipo de vida nesta encarnação. Quais foram os motivos que a fizeram ter escolhido antecipadamente o lugar onde nascer, seus pais, carreira e todos os envolvimentos e acontecimentos que nesta vida lhe proporcionam suas alegrias e tristezas.

Devo acrescentar que alcançar este tipo de memória é difícil. A pessoa deve possuir uma boa capacidade de concentração e se deixar levar pelo terapeuta confiantemente. Por sua vez, o terapeuta deve estar extremamente preparado para a sessão que vai conduzir.

O que ocorre mais comumente é que este tipo de memória pode aparecer em média na quinta ou sexta sessão de regressão de pessoas que possuem este tipo de concentração. Se o fato ocorrer espontaneamente e o paciente começar a descrever estas lembranças de entre vidas, o terapeuta deve esclarecer que só entrarão juntos neste tipo de recordação se o paciente estiver de acordo.

Isto ocorre porque a maioria das regressões entre vidas se dá a partir do momento da morte daquela encarnação que acabou de ser revivida.

Sempre que se faz o término da sessão de regressão se vai até o momento da morte daquela vida em análise, para que se constate que não ficou nenhum bloqueio ou dor cristalizada.

Se o paciente for daquelas pessoas com alto poder de concentração pode ocorrer que a lembrança do estágio entre vidas se apresente espontaneamente. Mas nunca o terapeuta pode ou deve entrar neste âmbito de memória sem o consentimento do paciente, já que cada um de nós tem seus valores e credos atuais.

O paciente concordando, começará a relatar fatos que se aproximam muito daqueles relatados pelas pessoas que passaram por uma experiência de quase morte, estudados por vários cientistas como Dr. Raymond Moody, Dr. Kenneth Ring[12] e outros.

O início da entrada na metaconsciência opera uma transformação incrível no semblante do paciente. Vê-se claramente que a expressão que normalmente é de medo

---

12 https://pt.wikipedia.org/wiki/Kenneth_Ring

ou ansiedade por causa da recordação do momento da morte, vai se transformando. Pouco a pouco o rosto vai se tornando relaxado e finalmente pleno de admiração e encantamento.

Quando esse processo acontece, o terapeuta deve deixar que o paciente mergulhe nessa nova dimensão, calando-se por um bom período. Não deve importunar com perguntas e nem com comandos. Quando finalmente se comunicar com seu paciente deve ter sempre em mente que está se dirigindo não àquela personalidade que conhece e que está deitada em sua frente, mas a um novo Eu, eterno e diferente que antecedeu aquela que está ali encarnada.

Uma das características mais evidentes que ocorre em uma regressão ao entre vidas é quando o paciente vê a si mesmo como uma personalidade distinta da atual ou de qualquer outra revisitada em regressões anteriores.

— Não sei como descrever para você como sou. Não há nada que eu possa ver de mim, mas posso ver tudo que me cerca. Tudo acontece ao mesmo tempo: presente, passado e futuro. Não há lógica e ao mesmo tempo eu me sinto em paz e extremamente feliz.

Em síntese, é mais ou menos o que as pessoas dizem quando se deparam com a experiência de estar recordando o período entre vidas. Cabe ao terapeuta orientar o seu paciente que escolha uma visão de cada vez para que o caos aparente se dissipe.

Como já foi dito, toda entrada no entre vidas se dá através da recordação da morte de uma vida anterior.

A pessoa narra sua morte e, de repente, se vê sobrevoando seu próprio corpo físico. Percebe que não pode se comunicar com os que estão ao seu redor e, na maioria dos casos relatados, se sente sugado por um túnel cujo final tem uma luz absolutamente deslumbrante e que não ofusca os olhos.

Alguns pacientes dizem que têm a companhia de um guia espiritual. A maioria se diz só. Inicia-se então o estado de pura felicidade que a maioria não consegue descrever.

— Amor, amor acima de tudo! É o que sinto! É o que tudo e todos sentem por mim! A alegria é a maior que já senti!

Outro fator que aparece em quase todas as experiências vivenciadas no entre vidas é a existência de um Conselho de Revisão e Orientação. Quase todos que se aventuraram neste campo de metaconsciência, descrevem estar perante um grupo de seres sábios e bondosos que ajudam a pessoa a rever sua vida passada, seus erros e acertos. O paciente que se depara com os quadros de sua vida anterior percebe claramente as falhas cometidas e sofre verdadeiramente com isto. Muitas vezes, chora desesperadamente.

Mas podemos dizer que aqueles seres sábios, possuem uma força de cura e de amor, que alivia toda culpa. Normalmente encorajam a pessoa e propõem que ela perceba quais os passos que deve percorrer na próxima encarnação para que haja um crescimento efetivo de seu espírito.

Atuam como professores carinhosos que estimulam seus alunos a aprender com seus próprios erros.

É quando a pessoa escolhe quais as dificuldades que enfrentará em sua próxima encarnação. Quais os desafios que terá que vencer para se aperfeiçoar como alma.

É impressionante como o conhecimento dessas escolhas modificam posturas perante a vida atual. Muitas das pessoas que se queixavam amargamente da própria vida, se sentindo absolutamente injustiçadas pela sorte, percebem de imediato quantos benefícios podem alcançar para seu Eu interior cumprindo e aceitando o que antes lhes parecia infortúnios descabidos.

O mais interessante é que as recomendações dos sábios não são necessariamente o que o espírito deseja, mas sim aquilo que vai proporcionar um maior crescimento.

Às vezes se percebe claramente que existe certa dificuldade de o espírito aceitar o conselho.

Um paciente de um colega descreveu com bastante nitidez essa discussão:

— Estou tentando planejar a minha próxima encarnação. Estou sabendo que um dos meus maiores problemas é a impaciência e a falta de compaixão com o próximo, mas o que eles estão me propondo é muito difícil. Eu acho que não vou conseguir e não quero assumir a responsabilidade desta escolha porque sinto que não tenho forças. Sei que é preciso enfrentar dificuldades para a evolução espiritual, mas não aceito a sugestão que estão me dando!

Esse planejamento de vida também é discutido com outros espíritos que têm vínculos com o que está sendo auxiliado pelos mestres.

A reencarnação sempre tem o objetivo de auxiliar não só uma alma, mas a todas que pertencem àquele grupo. É por isso que se vê, em inúmeras regressões, o parentesco desta vida remontar à uma vida passada, seja com papéis trocados, como por exemplo, o pai de hoje, foi o filho de ontem, ou como uma forma de amar hoje àquele que ontem era o maior inimigo; como uma mulher se tornar mãe de um terrível algoz, que a fez sofrer muito em uma vida passada.

Talvez venha daí o termo "almas gêmeas" que estariam sempre reencarnando juntas para um maior crescimento.

Por isso a escolha do lugar e do tempo do nascimento é de fundamental importância. Todas as pessoas que descreveram suas experiências de escolha, para a próxima reencarnação, não tinham um plano de vida muito elaborado. Na realidade há só um esboço geral para que a pessoa aqui encarnada tenha flexibilidade e criatividade para enfrentar situações decisivas para seu crescimento.

Todas as pessoas que visitaram o entre vidas descrevem o mesmo lugar? Se o Céu existe, como ele é? Igual para todos?

As descrições são as mais diferentes possíveis. Não há uma unanimidade nos relatos.

Poderia deduzir-se que não há um Céu igual para todos. Aliás, como aqui, o Céu parece ter as mais diversas paisagens e forma de construções.

Não há uma pesquisa feita sobre este tema, mas o que se pode inferir é que quando as pessoas descrevem o lugar onde estão, recorrem a imagens que tenham em seu inconsciente, para poder explicar o que veem. Mesmo que nunca tenham estado, nesta ou em outra vida, em lugares parecidos.

A seguir vou transcrever algumas descrições feitas por diversas pessoas que passaram por este tipo de experiência.

É importante explicar, que quando o terapeuta pede para que o paciente descreva onde está, como é o lugar, há sempre um lapso de tempo considerável, até que ele comece a narrar.

A sensação de faltarem as três dimensões, de não ser lógico o que se está vendo, dificulta a tradução em palavras.

— Tudo me parece estranho, apesar de ser extremamente belo. As construções não parecem ser de material concreto, mas está tudo aí. Vejo escolas, bibliotecas, casas, ruas cheias de árvores e praças. O interessante é que eu sei o que cada prédio contém porque posso ver ao mesmo tempo, dentro e fora de cada um deles.

— Vejo muitas paisagens. Elas correm diante dos meus olhos. Parece que estou em uma linda praia, areia muito branca, cheia de conchas. Agora é o entardecer. Eu sei que é o entardecer pela luz, mas não vejo o sol se pondo. As ondas chegam na praia vagarosamente e um grupo de quatro crianças e uma moça estão brincando, mas com um jogo que eu não conheço.

— Não tenho a certeza de estar em um lugar específico. Parece que ando sobre um nada infinito. Eu sei que posso andar infinitamente, mas não estou vendo nada em específico... Não há um céu ou chão, mas sei que estou indo para o lugar certo, o dos mestres.

— Vejo palácios e construções belíssimas. Os jardins são extremamente bem cuidados. As pessoas que estão andando pelas ruas estão bem vestidas, mas com um tecido brilhante, e as roupas são esquisitas.

— É incrível, mas me parece que estou com os pés em dois mundos. De onde estou posso ver a vegetação, o relevo da terra; e se eu olhar em outra direção há uma luz dourada que ilumina um lugar que se parece com as paisagens do Tirol[13] austríaco, com gado leiteiro e pequenas fazendas; mas eu sei que não é um lugar do nosso planeta. É tudo muito tranquilo e irradia muita paz...

---

13 Tirol é um dos estados federados da Áustria. Localizado no oeste do país, sua capital é a cidade de Innsbruck. É a região dos Alpes Suíços.

— Alguém me trouxe até aqui. Eu me vi voando pelos céus, de mãos dadas com ele. De longe eu vi uma cidadela, como se fosse uma cidade medieval, só que feita de cristal. Nós descemos até a base de um prédio com paredes de vidro marrom. Agora estou aqui sozinha e sei que devo entrar. Esse alguém me disse, sem usar palavras, que devo entrar e procurar o meu livro, que eu não sei o que é. Agora estou subindo uma escada, que parece ser de vidro e metal. A escada tem dois lances, mas eu subo sem esforço algum. Estou entrando em uma sala imensa, forrada de carpete azul.

Existem inúmeras estantes que me parecem ser de metal, e as prateleiras são colocadas em ângulo de 30º, para que as lombadas dos livros fiquem completamente visíveis. Existem muitas estantes, todas iguais, por todo o salão. Os livros são todos do mesmo tamanho, forrados de couro colorido. Há livros encadernados de marrom, vermelho, azul, branco, bege. Em cada estante os livros são de uma só cor. Todos têm alguma coisa escrita, na lombada, em dourado. Não consigo decifrar que grafia é essa.

Ah, já entendi! Esses livros são como que um arquivo de cada pessoa. Tenho que procurar o meu. Não sei como explicar, mas tenho certeza que o meu livro é de capa azul. Agora estou na frente de uma estante que tem livros de couro azul. É esse aqui. Tem alguma coisa escrita em dourado, que eu presumo que seja meu nome nesta dimensão. Não sei como, mas eu sei que é este aqui. Peguei o livro e a sensação de familiaridade, de que ele é meu há muito tempo, é imensa.

Este último relato refere-se a uma sessão em que a paciente era eu. Minha terapeuta tinha tudo gravado, mas, com certeza, eu jamais esquecerei essa experiência. Essa vivência ocorreu espontaneamente, não havendo nenhuma indução para tal.

Havíamos terminado uma sessão de regressão, chegando até ao momento de morte daquela minha vida passada, quando me vi volitando em direção àquela cidadela que descrevi. Percebi que aquela visualização era bem diferente das demais que eu havia tido.

Apesar de estar absolutamente relaxada, após uma sessão que já durava perto de duas horas, o meu consciente me alertou que eu estava entrando em um período de entre vidas. Quando acabei de relatar que havia pegado o livro, decidi que não queria continuar a experiência.

Quando Dra. Graciete, minha querida amiga e terapeuta, sugeriu que eu abrisse o livro, eu me neguei e voltei para o aqui e o agora.

Feito o Retorno e eu plenamente consciente, disse a ela que não quis prolongar a experiência porque nunca havia pensado se queria ou não entrar neste estágio. E como não estava me sentindo confortável com a situação em si, preferi voltar sem ter mergulhado no entre vidas.

Por isso, eu sempre enfatizo que o terapeuta deve respeitar os limites de cada paciente, principalmente se ocorrer algo fora dos planos previstos.

A resistência a ingressar neste tipo de memória, pode ser causada por inúmeros fatores, diferentes de pessoa para pessoa. Com certeza, cada um intuirá o porquê de não querer acessar este tipo de memória. No meu caso específico, não era a hora propícia para qualquer tipo de revelação. Eu ainda tinha que rever muitas vidas para perceber quais os meus erros mais constantes, que sempre se repetiam, me tornando infeliz sem razão.

Naquele momento, eu não estava preparada emocionalmente para nenhum tipo de revelação ou autojulgamento.

Como se vê, não há uma paisagem ou lugar, que seja única para aquilo que se convencionou chamar de Eternidade; e nem sempre a "melhor pedida" é conectar-se diretamente com o entre vidas, para descobrir rapidamente o que se está fazendo aqui.

É verdade que algumas pessoas podem se recordar de vidas passadas na tão falada Atlântida?

Sim, apesar de muitos considerarem este continente uma fantasia literária. Para um continente que muitos consideram uma lenda, existem mais de vinte mil livros publicados sobre ele.

Há muitos relatos sobre Regressões à Vidas Passadas que descrevem vidas ocorridas na Atlântida[14]. Os mais diversos estudiosos sobre TRVP têm se deparado com pacientes que narram recordações de vidas passadas neste continente.

Esses pacientes são das mais diferentes etnias, nível sociocultural, sexo, profissão, etc. Não há uma maior incidência de casos relatados neste ou naquele país. Os casos aparecem espontaneamente nos mais diferentes consultórios em todo o mundo.

Se formos acreditar nos textos antigos, como as narrativas de Platão, que descreve Atlântida e tece comentários sobre aquela civilização, vemos que isto não se refere à um mito, mas sim à história.

Uma das hipóteses sobre a existência da Atlântida é que ela era uma extensa ilha, originária de um continente maior do mundo antigo. Através de tempos imemoriais, ali foi erguida uma civilização extremamente evoluída. Muitos estudiosos sugerem que Atlântida foi, na realidade, o mundo antediluviano, do qual inúmeras religiões fazem menção.

[14] https://pt.wikipedia.org/wiki/Atl%C3%A2ntida

É digno de nota que a Bíblia não é a única fonte de informação sobre o dilúvio. Várias tradições orais mencionam o mesmo fato, encontrando-se registros nas civilizações indígenas das Américas do Norte, Central e do Sul, e também em várias ilhas do Pacífico.

Pelo que nos é passado através dessas tradições, Atlântida desapareceu em função de uma grande catástrofe da natureza. Atlântida submergiu no oceano há mais de doze mil anos e praticamente toda sua população foi tragada. Alguns poucos conseguiram fugir em barcos, e passaram para as populações que encontraram, a história que chegou até nós.

Muitos ainda duvidam da existência da Atlântida, o que para mim nada prova. Não podemos nos esquecer que inúmeros fatos históricos só saíram do reino do lendário quando muitos estudiosos conseguiram provar fatos. Um deles, que gosto sempre de mencionar é sobre as descrições que Heródoto fazia sobre os esplendores de antigas civilizações do Nilo e da Caldéia, e que só saíram do reino das lendas quando arqueólogos descobriram as cidades de Pompéia e Herculano.

Em vista disso, não tenho porque duvidar de Regressões de Memória de Vidas Passadas que relatam existências ocorridas na Atlântida.

Sei de diversos casos, ocorridos aqui mesmo em São Paulo. Vou relatar o caso que ocorreu com uma paciente minha, há alguns anos atrás. Selma era uma moça extremamente gentil e delicada. Trabalhava em uma empresa de auditoria financeira. Ela era formada em Contabilidade e adorava o que fazia. Selma vivia me trazendo presentinhos e o que ela mais gostava de me dar eram pequenas pedras de todos os tipos de cristal. Tenho comigo uma linda ponta de quartzo fumê, um lindo bloco de ametista, o meu preferido, e muitas vezes eu perguntei a ela porque gostava tanto de Gemologia.

Ela me disse que desde criança sempre teve atração pelas pedras, mas que só gostava delas na sua forma pura, sem nenhum trabalho lapidado ou manufaturado.

Disse-me, ainda, que pensou muitas vezes em estudar com mais profundidade, sobre os cristais e seus poderes, mas que nunca tinha tido tempo, já que sua profissão a absorvia demais.

Procurou-me em função de um problema de ansiedade extrema que não a deixava dormir, comer, provocando inclusive um início de úlcera gástrica.

Tinha um sonho recorrente, aqueles que sempre se repetem. Desde os seus dezesseis anos, sonhava estar em uma praia, para ela totalmente estranha, em um dia de grande tempestade. As ondas cresciam, cresciam e iam tomando um tamanho descomunal. O céu ia ficando muito negro e o ruído do mar era assustador. A única coisa que ela pensava é que tinha que tentar mergulhar e atravessar a onda pela base. Mas o terror de enfrentar a situação era maior e ela sempre acordava nesse ponto banhada em suor.

Não entendia o porquê do sonho, já que sempre gostou muito de praia e adorava nadar no mar.

Somente na terceira regressão apareceu o motivo do sonho recorrente.

De início, Selma se viu em um templo, com colunas muito altas, feitas de uma espécie de mármore, só que translúcido! Talvez de ônix branco, com veios verdes e marrons.

Ela estava na entrada. Aos poucos foi se aproximando de um grupo de pessoas que estavam sentadas em círculo, em torno de um mestre. Percebeu que fazia parte desse grupo porque as pessoas olharam para ela com acenos de cabeça, sorrindo.

Eles estavam em uma aula que parecia ser de Medicina ou algo parecido, pois as pessoas indagavam ao mestre sobre diversas formas de cura.

Ele estava relatando um caso clínico, onde se levava em conta não só o aspecto físico, como o psicológico do paciente.

Pelo que Selma pôde depreender, se tratava de um caso em que o paciente estava com várias feridas pelo corpo, muito debilitado e completamente deprimido.

Em certo momento, todos se levantaram e seguiram o mestre, através de um longo corredor, e entraram em uma sala que parecia estar encravada em uma grande rocha, já que o teto era de aspecto totalmente irregular, tendo estalactites de pequeno porte, por toda a superfície.

No centro da sala, havia uma banheira de ametista polida, com jatos de água morna, que fluía de pequenos orifícios laterais.

O paciente estava deitado em uma cama que parecia ser extremamente macia, coberta com um tecido prateado.

As enfermeiras, vestidas com túnicas de seda azul olharam para o mestre esperando orientações. "Acho que são enfermeiras já que estão cuidando do paciente, massageando os pés e as mãos" – disse-me ela.

Ele se aproximou e pediu que elas o ajudassem a colocar o paciente dentro da banheira, o que foi feito com extrema facilidade.

As luzes foram diminuindo pouco a pouco e foram tomando uma cor entre azul e lilás. Vagarosamente o mestre retirou o pano prateado, que mais parecia ser uma enorme bandagem, e apareceram as inúmeras feridas, que tomavam o corpo todo do paciente, muitas com aspecto gangrenado. O mestre foi banhando uma a uma, falando em voz muito suave e compassada, no ouvido daquele jovem tão ferido.

Deste trecho em diante, transcrevo o diálogo que ocorreu na sessão de regressão.

> **Terapeuta:** Muito bem. Você está assistindo o mestre tratar das feridas do paciente. O que você faz agora? O que você sente?
>
> **Paciente:** Estou olhando e me sentindo muito bem! Parece que estou ouvindo uma música bem baixinha, mas

muito bonita! O mestre continua lavando as feridas e elas estão cicatrizando! Não acredito! Parece que elas vão se esvanecendo devagarinho. Não consigo ouvir o que ele diz para o doente, mas ele continua de olhos fechados, porém o rosto dele já está mais descontraído.

Deu-se uma longa pausa, onde a respiração de Selma foi-se alterando, até que ela deu um suspiro profundo e começou a soluçar baixinho:

Terapeuta: O que acontece agora? O que a faz chorar?

Paciente: Oh, Meu Deus! Sou eu! Sou eu o rapaz ferido! Estou sendo curado pelo meu avô! Ele é o Grande Mestre deste hospital. Meu Deus, eu tinha morrido, ou estava quase morto, sei lá. Por isso eu me vi na porta do hospital. As pessoas que estão aqui nesta sala são pessoas com poderes psíquicos de cura. Elas ajudam com a força de suas mentes, canalizando o poder dos cristais.

Terapeuta: E o que o Grande Mestre diz junto ao seu ouvido?

Paciente: Palavras de encorajamento, de carinho, de amor. Ele está me olhando com tanta emoção! (Silêncio) Ele é o meu pai desta vida! É o meu paizinho querido! – O pai de Selma é médico dedicadíssimo.

Terapeuta: Como você está se sentindo agora? Descreva o que está ocorrendo.

Paciente: Sinto um grande bem-estar. As pessoas que estão na sala parecem murmurar algumas palavras, mas eu não consigo decifrar o que seja. O meu avô continua curando meus ferimentos e eu estou sentindo um sono muito grande. Eu vou dormir, eu quero dormir.

Terapeuta: Muito bem. Prossiga no tempo. Diga agora o que acontece.

Paciente: Não sei. Parece que estou no meio de uma correria. As pessoas estão correndo e eu também estou, só que agora eu sou um senhor. Estou vestido com uma túnica de algodão. Tenho nos pés sandálias de couro e a areia é grossa, como se fosse feita de farelo de cristais e é áspera.

Terapeuta: Você agora é um senhor, e está correndo. O que tem em comum esse senhor e o moço que estava sendo curado pelo Grande Mestre?

Paciente: Ora, são a mesma pessoa. Sou eu mesmo, só que mais velho. E estou em uma praia. As pessoas estão correndo para pegar seus barcos e fugir daqui! Mas eu acho que não vai dar tempo! Oh! Meu Deus! Que ondas! São muito grandes e a tempestade vem chegando.

A paciente começa a soluçar em seco, a respiração bastante alterada, agitando-se bastante no sofá.

Terapeuta: Isto tudo já aconteceu há muito tempo atrás. Relaxe, relaxe, não tenha medo. Tudo o que você está revendo não pode mais lhe fazer mal. Concentre-se na cena, sem medo e sem sofrer e perceba o que está ocorrendo em sua volta, Essa lembrança é importante para você, para sua vida atual. O que acontece agora?

Paciente: (Suspiro profundo e longo silêncio) Estou correndo para encontrar a minha família, mas a onda que está vindo é muito grande, é enorme e preta. O meu barco não vai conseguir atravessar. Nunca vi nenhuma onda igual Meu Deus ela está vindo direto em cima de nós.... Vou tentar mergulhar... (soluços).

Terapeuta: Saia da cena. Permita-se olhar o que ocorreu sem sofrer. O que acontece agora?

Paciente: (Depois de algum tempo) A onda realmente era muito grande! Tinha uns 30 a 40 metros de altura. Ela despencou em cima da praia e da cidade que estava à beira-mar. Eu tentei mergulhar pela base, mas não consegui. Eu acho que morri.

Terapeuta: Você poderia me dizer onde ocorreu esta sua vida passada? E quem era esse homem que você recorda ter sido você em tempos passados?

Paciente: O que me vem à mente é que eu fui um soldado de alta patente, e fui ferido em uma emboscada. É o que me vem à mente. Depois fiquei velho e me retirei. Eu acho que eu tinha uma família... Não sei ao certo.

Terapeuta: E você tem ideia de onde ocorreu esse maremoto? Em que lugar aconteceram os fatos que você acaba de recordar? Um, dois, três! O que lhe vem à mente?"

Paciente: Atlântida! Sim. Atlântida é o que me vem à mente! Atlântida. Que estranho! Estou cansada, muito cansada!

Optei pelo término da sessão já que Selma estava realmente muito cansada. Fiz um Retorno bem suave, onde ela relaxou profundamente e chorou silenciosamente.

Já consciente e recomposta, me disse que não conseguia acreditar que ela havia tido uma vida na Atlântida, mas que, com certeza, era essa a única resposta que lhe vinha à mente quando lhe perguntei onde haviam ocorrido os fatos por ela narrados. Confessou-me que se sentiu muito constrangida a me revelar o lugar, mas que optou pela sinceridade, já que estávamos fazendo um tratamento, e que não havia lógica em mentir para mim.

Além de ser um relato extremamente interessante, com conteúdo muito similar aos que se veem em muitas das regressões à Atlântida, devo ressaltar que se observe a demonstração do senso crítico que a paciente manteve e o poder de escolha de narrar ou não o que lhe vinha à mente, deixando bem claro que o paciente é senhor de si o tempo inteiro da regressão e não um mero instrumento nas mãos do terapeuta. As informações passadas são aquelas que efetivamente o paciente deseja decifrar.

As pessoas podem descobrir talentos em outras vidas e abraçar carreiras condizentes com esses talentos? A técnica de regressão pode auxiliar à realização de carreiras que necessitem algum tipo de talento específico?

Muitos descobrem a origem de seustalentos em outras vidas, mas não é costume se entrar em processo terapêutico por este motivo.

É bastante comum vermos pessoas que tocam instrumentos musicais divinamente, sem nunca ter aprendido pelos meios convencionais. É o famoso "tocar de ouvido". Certas pessoas conseguem a façanha de serem verdadeiros mestres na música, na literatura, na pintura ou na dança, entre outras atividades, sem nunca terem estudado. Elas têm o talento, mas nem sempre a vocação.

Muitos utilizam seus talentos como um *hobby*, nada mais. Por isso não se utiliza a regressão como um instrumento de Orientação Vocacional.

As pessoas podem ter o talento para determinada profissão, mas às vezes não querem se dedicar a ela. Elas não têm a vocação para exercê-la.

Tenho uma amiga muito chegada que sempre pintou maravilhosamente. Tanto os pais, como seu marido, tentaram incentivá-la para que participasse de exposições. Ela sempre se negou. Sempre deixou claro que o verdadeiro desafio de vida dela era a Medicina, a qual se dedica de corpo e alma.

Sabemos, ela e eu, que o talento excepcional se deve a uma vida passada na Inglaterra, nos idos de 1835. Naquela vida, minha amiga se viu como um rapaz de altas posses, que morava em uma enorme casa de campo, com haras de criação de cavalos de alta linhagem.

Era um excelente cavaleiro, um dos melhores da região, cheio de vida e alegria. Tinha muitas namoradas e amigos, até que um dia, em uma competição rural, sofreu um grave acidente com um de seus cavalos favoritos. Ao saltar um obstáculo, o cavalo refugou e ele foi arremessado à distância. Quebrou vários ossos de seu corpo e tornou-se paralítico.

O sofrimento que ele passou por se ver, de repente, inutilizado como homem e dependente de outras pessoas para quase tudo, criou uma revolta muito grande com tudo e com todos, inclusive com a Medicina que, naquela época, quase nada podia fazer (talvez por isso a atual dedicação ao seu trabalho). E entrou em profunda depressão.

Então, seu pai que estava desesperado por vê-lo assim, teve a ideia de arranjar um professor de pintura. De início, o rapaz não queria saber de coisa alguma, mas aos poucos foi se interessando.

Com o passar do tempo, o aluno ultrapassou o mestre, e tornou-se famoso regionalmente. Mas sua tristeza era muito forte por ver as paisagens e não poder correr por elas, de ver a vida, mas não viver. E, assim, ele viveu por mais quarenta anos, preso, limitado, e profundamente triste com a sua infelicidade.

Foi muito tocante, inclusive, a sessão em que chegou até o momento da morte.

Minha amiga sente que este talento está muito ligado à tristeza e que prefere estar ajudando as pessoas, por meio da Medicina, para que elas possam se curar. Faz sentido!

Ela nunca quis que seus familiares soubessem da história dessa vida em particular. Aliás, ela mesma não gosta de comentar sobre essa vida. Diz que a tristeza que permeou esta existência foi tão grande que, mesmo ainda hoje, ela sente a depressão que pesou sobre aquele rapaz.

Como se vê, nem sempre o talento nato é de utilidade. Também preciso deixar claro que nem todo talento é originário de vidas passadas. Existem muitos outros fatores que podem propiciar talentos fantásticos, tanto na área artística, quanto na científica ou em qualquer outro campo em que o ser humano atue.

A herança genética é, entre outros, fator bastante comum na manifestação das habilidades e talentos.

Porém, se uma pessoa descobre habilidades e talentos em Regressão à Vidas Passadas, e se sente tentada a continuar a elaborar e desenvolver mais ainda o campo em que se viu *expert*, terá, com certeza, mais facilidades e possibilidades de sucesso.

Existe uma brincadeira entre nós, Psicólogos, que dizemos que em outras vidas fomos bruxos. E que, por isso, ardemos na fogueira! E que agora, reencarnados e mais sábios, tratamos de nos formar e estar do lado da lei, para podermos continuar nossos estudos da alma humana, sem o perigo de queimarmos em praça pública.

Quanto aos meus colegas, não posso afirmar, mas eu não me descobri em nenhuma vida como feiticeira, curandeira ou bruxa.

Se por meio da técnica de regressão podemos saber o passado, é possível que se possa saber do futuro, ver nossas vidas futuras?

De início, é necessário que se esclareça que existe a Técnica de Progressão no Tempo, dentro mesmo de uma sessão de Regressão à Vidas Passadas.

Quando isto acontece?

É muito simples. Quando levamos um paciente até ao fim de uma vida passada, isto é, até ao momento da morte e ao aprendizado que obteve, costumamos fazer uma progressão no tempo até a vida atual, para que se perceba se os mesmos traumas antigos não foram reforçados na existência presente.

Tomemos um exemplo clássico: imaginemos que certa pessoa chegou ao consultório queixando-se de constantes sufocamentos. Sempre que está em momento de tensão, o paciente sente como se estivesse sendo enforcado. E que a cada dia a sensação parece tornar-se mais intensa e extremamente desagradável!

Quanto às roupas, nada pode lhe tocar na região do pescoço. Nem camisas com gravatas, nem blusas ou agasalhos de gola alta.

Faz-se a regressão e descobre-se que o paciente morreu enforcado em uma vida passada. Descobriu-se o núcleo original do problema; e, para ter a certeza que nenhum outro evento reforçou o trauma, progride-se no tempo até a vida intrauterina da existência atual.

Lá, o paciente descobre que no momento de seu nascimento, está sendo sufocado pelo cordão umbilical. Este fato, associado ao momento da morte daquela vida anterior, está claramente produzindo a sensação de sufocamento, quando ele se vê em momentos de tensão e ansiedade.

Faz-se, então a progressão por vária idades, até chegar a atual, para descobrir se há algo mais relativo ao sintoma inicial.

Sei de alguns poucos terapeutas que fazem a progressão à vidas futuras, mas eu particularmente não faço.

Não quero deixar aqui a impressão de que fazer uma progressão no tempo seja algo semelhante a ler o futuro, como se fosse ler nas cartas, nas mãos ou nos cristais.

O objetivo de quem se utiliza desta ferramenta é tão somente ajudar um paciente a tomar decisões vitais para seu futuro próximo. Mas penso que devemos escolher nossos caminhos, estando plenamente conscientes do que fazemos e, mais, sendo absolutamente responsáveis por eles.

Isto para que depois não haja a desculpa de que a decisão errada foi tomada em circunstâncias fora do padrão convencional.

Como tenho repetido inúmeras vezes, nós não nascemos com o *script* de vida pronto. Nós escolhemos no entre vidas variáveis e pessoas que possam nos ajudar a crescer, mas isto não inclui nenhum roteiro fixo. Não há fatalidades que terão que acontecer!

Nós somos absolutamente responsáveis por nossas ações e decisões mesmo que estejam baseadas em erros ou experiências de outras vidas nossas. Por isso é muito importante o autoconhecimento, seja pela Técnica de Regressão de Memória ou por qualquer outro meio.

Os terapeutas que utilizam a progressão no tempo baseiam-se na Teoria da Relatividade[15] de Albert Einstein [16]e na Física Quântica. Se imaginarmos que o tempo, como o conhecemos, é uma mera ilusão e que ele ocorre simultaneamente, então o passado, o presente e o futuro estão acontecendo agora. Por isso, dizem eles que o transe hipnótico removeria as barreiras da nossa lógica, nos auxiliando a tomar decisões a nosso favor.

Mas como nós vivemos numa realidade tridimensional e nossa percepção consciente está limitada ao nosso tempo-espaço, prefiro que meus pacientes tomem suas decisões no aqui e agora.

Ouvi e li muitos relatos de pessoas comprovadamente sãs psicologicamente, que passaram por esta experiência. Alguns casos bastante interessantes, de pessoas que se viram em existências nos anos de 2200, 2900 e até 3500.

Penso que existe muito material a ser estudado, e muito a ser descartado. A ciência é feita assim mesmo, de pequenos passos para frente e muitos para trás. Aguardemos.

---

15 https://pt.wikipedia.org/wiki/Teoria_da_relatividade
16 https://pt.wikipedia.org/wiki/Albert_Einstein

Se nós somos mesmo um espírito que reencarna muitas vezes, em que momento nós entramos na pele do novo corpo? Antes, durante ou após a gestação?

Neste momento de nossas vidas, utilizamos o nosso livre arbítrio. Cada um de nós escolhe o seu momento.[17]

Sempre que levamos um paciente até à sua vida intrauterina, solicitamos que ele se veja no primeiro trimestre da gestação, no segundo, no terceiro e por fim na hora do nascimento.

Muitos não percebem nada no primeiro trimestre, outros em compensação, estão absolutamente conscientes do momento da fecundação.

A maioria já tem consciência de si mesmo, no segundo trimestre, como um ser diferenciado de sua mãe. Percebem se são ou não aceitos, não só por ela como também pelo pai.

No terceiro trimestre, podem sentir totalmente o ambiente que cerca a mãe, como seus mais diferentes sentimentos.

O momento do parto chega a ser vivenciado com muita emoção. O sofrimento do parto, a pressão na cabeça, as luzes intensas ferindo os olhos, são quase unânimes nos relatos.

---

17 "A união da a alma com o corpo começa na concepção, mas só é completada na ocasião do nascimento. Desde o instante da concepção, o espírito designado para habitar certo corpo se liga por um laço fluídico, que cada vez mais se vai apertando até ao instante em que a criança vê a luz. O grito, que o recém-nascido solta, anuncia que ela se conta no número dos vivos e dos servos de Deus.", segundo estudos de Allan Kardec em *O livro dos espíritos*, item 344. N.E.

Tive uma paciente que recordou seu nascimento através de uma cesariana. Sua mãe não teve a dilatação necessária e foi indicado o procedimento cirúrgico.

Minha paciente relatou o seu pavor em perceber que sua mãe não poderia ajudá-la a nascer, e que poderia vir a morrer sem nunca ter nascido! E mais aterrorizada ficou, ao intuir o pavor que sua mãe ficou ao avistar o bisturi.

Soube de um caso verídico, em que um segredo de família foi revelado durante uma regressão à vida intrauterina. Um rapaz de seus 28 anos estava se submetendo à TRVP, por problemas pessoais. Na quarta sessão, quando já estava bastante confortável com a técnica, o terapeuta decidiu levá-lo até à gestação desta vida.

O rapaz narrou com fidelidade todo o trabalho de parto de seu nascimento:

Paciente: Estou muito apertado. Não consigo me mexer! Mas eu... que esquisito... não sei quem é. ESTA NÃO É MINHA MÃE!

Terapeuta: Tenha calma! O nascimento provoca essa sensação de sufocamento e confusão. Deixe acontecer, que logo você estará bem! Prossiga na cena. O que acontece agora?

Paciente: Estou muito espremido! Mas esta não é minha mãe! Eu estou lhe dizendo! Esta não é minha mãe! Eu não a conheço!

Terapeuta: Muito bem, esta não é sua mãe desta vida. Onde você está e que época você está vivenciando?

Paciente: (Vários minutos de silêncio) Estou em São Paulo. Não, não é São Paulo, mas é no Brasil. Com certeza é no Brasil Eu estou em um hospital. É bem pobrezinho, mas não sei onde é que estou. Estou muito confuso e não reconheço essa mulher. Ela grita muito. Acho que está doendo muito! Estou aflito! (Fica muito ofegante. Respira com dificuldade) O ano é de 1970, isso, é 1970, o ano do meu nascimento. Mas eu não conheço ela. Não sei quem é! Como é que pode isso?

Terapeuta: Você está dizendo que está vendo seu nascimento, em algum lugar do Brasil, em um hospital, no ano de 1970, mas que não reconhece a sua mãe... Relaxe e respire profundamente. Perceba, agora com mais calma, o que acontece. Sem pressa... Um, dois, três! O que lhe vem à mente?"

Paciente: Acabei de nascer! Estou com os olhos... a luz ... a luz é muito forte... Ah, meu Deus esta mulher não é minha mãe. O que ela está fazendo aqui? Onde está minha mãe?

Terapeuta: Você está confuso. É muito comum esta sensação de atordoamento no momento do nascimento. Relaxe... relaxe... relaxe. Progrida na cena. Agora é o dia seguinte ao seu nascimento. O que acontece agora? Um, dois, três! O que lhe vem à mente?

Paciente: (Silêncio e suspiros por vários momentos) Eu estou sendo amamentado por aquela mulher! EU NÃO ESTOU ENGANADO. ELA NÃO É A MINHA MÃE!!! Não é a que conheço... (choro convulsivo).

Terapeuta: Muito bem! Você afirma que se vê nascido, mas que não reconhece sua mãe. Acalme-se. Com certeza encontraremos a solução desse problema. Pergunte agora ao seu inconsciente quem é essa mulher.

Paciente: (Silêncio absoluto, o semblante absolutamente carregado, lágrimas escorrendo bem devagar pelo rosto) Eu sempre soube! Por minha Nossa Senhora, eu sempre soube... Essa mulher é que é a minha verdadeira mãe! Eu fui adotado... (novamente longo silêncio e muitas lágrimas).

Terapeuta: Você está afirmando que esta mulher desconhecida é sua mãe natural, que ela lhe deu a vida, mas que não é a mesma mulher a quem você chama de mãe. Estou certo? É isso mesmo que eu entendi? (Silêncio) Acalme-se e respire fundo. Dê um tempo para si mesmo.

Terapeuta: Agora prossiga no tempo e veja qual é o próximo momento significativo para você. Prossiga no tempo, não tenha medo. Tudo já aconteceu há muito tempo. Não pode lhe fazer mal.

Paciente: (Soltando vários suspiros e quase sorrindo) Isso mesmo. Agora sim, estou no colo de minha mãe, a que eu conheço. Meu pai está muito feliz. Eu acho que vão me dar banho. Eles estão felizes...

Terapeuta: Muito bem. Você está junto de seus pais, vai tomar banho. Que idade aproximada você tem? Onde é esse lugar em que você está agora? Um, dois, três! O que lhe vem à mente?

Paciente: Não sei, sou um bebezinho muito pequeno. Acho que estou com dois ou três meses. Estou em um lugar que não conheço! Mas eu agora sei com certeza. Fui adotado! Mas meus pais me amam muito! E eu não sei o que aconteceu com aquela moça, a do parto.

Terapeuta: Por hoje eu penso que basta! Vamos retornar e tenha a certeza que tudo o que você vivenciou hoje será de grande valia para sua vida atual!

Após o Retorno e já estabilizado emocionalmente, o paciente disse ao terapeuta que sempre havia desconfiado que era adotado, mas que este assunto era proibido em sua família.

Sempre ouviu coisas em sua infância, que não havia entendido e toda vez que questionava seus pais, o assunto era desviado.

Ele foi para casa e como sua mãe estava viajando para o exterior, comentou com seu pai, durante o jantar, o que lhe havia sucedido na sessão de terapia.

O pai, de início, argumentou que isso era mais uma vez "bobagens de sua cabeça", mas como ele teimasse em afirmar e relembrar tudo o que havia recordado na sessão de regressão, não resistiu e caiu no choro.

Confessou que finalmente estava livre! Podia respirar! Sim, ele havia sido adotado. Sua mãe não podia ter filhos e eles esperaram anos até conseguirem adotar uma criança. Ele havia nascido em Santa Catarina e a mãe natural, muito jovenzinha e pobre, o deu em adoção ainda no hospital.

Eles foram informados e voaram para lá, mas como a mocinha tinha desaparecido, levaram muito tempo para conseguirem a autorização do Juizado.

Quando finalmente conseguiram, tinham muito medo que a moça se arrependesse e quisesse ele de volta. Por isso tinham optado em manter segredo sobre a adoção.

O mais interessante do caso é que, no dia seguinte à sessão de regressão do paciente, seu pai foi procurar esse meu colega em seu consultório.

De início queria saber que "mágica" era aquela que havia acontecido com o filho e depois agradecer muito, por tirar dos ombros dele e de sua esposa aquela carga do segredo da adoção.

Hoje todos são grandes amigos e estão sempre juntos!

Em princípio, não acredito em reencarnação. Não sou budista, espírita ou de qualquer outra religião que professe a reencarnação como objeto de fé. Posso, então, me submeter a esse tipo de terapia? Não é perigoso para mim?

Como repito sempre, a TRVP nada tem a ver com credos religiosos.

Qualquer pessoa, de qualquer religião ou sem crença alguma, pode se submeter a este tipo de terapia. Não há qualquer impedimento e nem risco, já que não se procura provar ou não a reencarnação do espírito.

Eu mesma, como já tive a ocasião de explicar, quando comecei a estudar essa técnica não acreditava em reencarnação. Depois de muito me aprofundar nesses estudos, verifiquei que é a única explicação lógica para os fenômenos que tive a oportunidade de experimentar em mim mesma, e os que observei em outros, como terapeuta.

A menos que todos estejam fantasiando muito. Que estejam à beira de um desequilíbrio emocional. Ou ainda, que sejam atores ou atrizes frustrados, não vejo outra explicação mais plausível.

E o que dizer de casos comprovadamente verídicos, estudados por cientistas os mais diversos, pelo mundo todo?

Existem vários livros publicados, que narram estudos e pesquisas feitos em cima de recordações de vidas passadas, espontâneas ou induzidas, que comprovam os fatos narrados. E não só em países cuja cultura é propícia, como na Índia e Tibete, mas também Europa, Estados Unidos e Brasil. A leitura desses estudos é extremamente instigante, porque apresentam dados absolutamente comprobatórios da encarnação anterior.

São vários os casos relatados em que se localizaram certidões de nascimento, de óbito, fotos, testemunhos pessoais e outros documentos, confirmando a existência da personalidade anterior, recordada pelo paciente.

Esse assunto daria até para se escrever outro livro. O que obviamente, não se enquadra na finalidade deste.

Gostaria de insistir que eu não estou aqui pregando crenças. Eu simplesmente digo que hoje acredito na reencarnação, mas que isto é fruto de minhas experiências pessoais e que não pretendo "fazer a cabeça" de ninguém.

Já ouvi as mais diversas explicações que, absolutamente, não me convenceram. E se por enquanto não se pode pelo menos provar que a reencarnação é um fato, também não me comprovaram, de forma absoluta, que ela não ocorre.

O argumento "de que ninguém jamais voltou, para contar como foi ou como é o lado de lá" está definitivamente descartado pelos inúmeros relatos que se tem estudado em casos de Experiência de Quase Morte.

Famosos cientistas, como Raymond Moody Jr. e Elisabeth Kübler-Ross[18], contribuíram muito, com suas pesquisas, para desvendar este assunto.

---

18 Elisabeth Kübler-Ross, M.D. (8 de julho de 1926 — 24 de agosto de 2004) foi uma psiquiatra que nasceu na Suíça, autora do livro *On Death and Dying*.

Alguns dizem que não percebem "nenhuma vida passada agindo" na sua personalidade ou em sua vida atual. Eu gosto sempre de afirmar que nem todas as pessoas precisam se lembrar de suas vidas passadas para serem felizes. A força reguladora do inconsciente faz que traumas, ocorridos em vidas passadas, possam ser trabalhados internamente e ultrapassados sem que a pessoa tome necessariamente consciência disso, tornando o Ego atual mais forte e equilibrado.

Páginas atrás, mencionei um exemplo bastante típico. O do surfista Robson, um rapaz alto, forte e negro, exímio nadador, campeão de natação várias vezes e que em uma vida passada, morreu afogado.

Ele reviu essa vida, não por este trauma, mas sim porque era necessário que ele recordasse ter sido uma menina branquela, como ele mesmo brinca, para resolver o seu problema que era o de sentir-se rejeitado por sua cor.

Quando Robson percebeu que possuía essa forte força interior, que havia solucionado seus prováveis problemas na área que envolvesse qualquer coisa com mar ou natação, sentiu que poderia administrar qualquer preconceito tolo à sua cor.

É óbvio que a TRVP como método de autoconhecimento deixa longe qualquer outra técnica. E qualquer pessoa pode se submeter a ela, sem perigo.

Fonte: https://pt.wikipedia.org/wiki/Elisabeth_K%C3%BCbler-Ross

Não devemos esquecer que sempre que uma pessoa se propõe a fazer uma regressão, passa por uma anamnese diferenciada que aponta se há qualquer risco para saúde física ou mental do futuro paciente.

Fazendo regressão com terapeutas especializados na técnica não há risco algum.

Quando se começa a fazer regressões à vidas passadas, não se corre o risco de ficar dependente e só querer resolver os problemas por meio dessa técnica? Quando terminam essas pesquisas às nossas vidas passadas? Ou se fica eternamente buscando o passado?

Apesar de ser um tipo de terapia que realmente penetra profundamente em nosso inconsciente, e aponta rapidamente o foco do problema, ninguém corre o risco de "ficar viciado". E por que?

- Porque as pessoas aprendem a trabalhar sua Força de Ego. Elas passam a se conhecer mais profundamente e tomam as rédeas de sua vida.
- Porque aprendem que são absolutamente responsáveis por seus sucessos ou por suas perdas.
- Porque a modificação que ocorre nos padrões de comportamento transformam e melhoram as relações interpessoais, trazendo o equilíbrio interno e a paz de espírito tão necessários ao nosso dia a dia.

É claro que a TRVP não é a única técnica que produz semelhantes resultados, mas é a que consegue mais rápido esses efeitos.

Logo que os objetivos são alcançados, ninguém que eu conheça fica vasculhando seu passado; mesmo porque esta é uma das contraindicações para se fazer TRVP. Nenhum terapeuta vai concordar em aplicar a técnica se não houver um objetivo e necessidade claros. Nenhum terapeuta vai utilizar a técnica somente para matar a curiosidade de seu paciente, a respeito de questões que não estão se manifestando.

Existe um bloqueio natural do inconsciente que não permite vir à tona toda e qualquer lembrança de vidas passadas. As que se manifestam, são justamente as que possuem núcleos traumáticos cristalizados. Ou as que possuam fatos que ajudem o paciente a se reequilibrar.

Eu mesma uso como recurso a busca de recordações de uma vida feliz quando um paciente meu acabou de rememorar uma existência muito traumática e sofrida. Essa lembrança positiva virá a dar mais estrutura à Força de Ego.

A respeito desse tema, gosto de lembrar um fato bastante ilustrativo.

Vera foi uma paciente muito jovem que estava um tanto depressiva e em uma de suas regressões reviu uma vida em que foi muito infeliz.

Era uma escravizada no Antigo Egito. Extremamente mau tratada, passou uma vida inteira a serviço de senhores cruéis. Os maus tratos fizeram com que ela viesse a morrer depois de uma grande surra. Quando perguntei: "Qual é a lição que você tira dessa vida?" Ela me respondeu: "Nem toda vida merece ser vivida."

Meus alarmes internos soaram a pleno vapor! Eu não podia deixar que ela retornasse, com aquela carga negativa.

Talvez fosse essa vida que estava atuando nela, desencadeando o quadro depressivo. Pedi, então, que ela buscasse em seu passado uma vida em que ela tivesse sido feliz.

Depois de um bom espaço de tempo, ela começou a cantarolar, bem baixinho, uma canção que me pareceu ser de ninar.

Perguntei o que a fazia cantar assim e ela começou a narrar uma vida passada na Itália, casada com um homem bem mais velho, mas que a amava muito. Eles possuíam uma pequena propriedade rural onde produziam vinho e linguiças. Tinham quatros filhos, todos meninos, que eram o orgulho do pai.

E ela viveu uma vida tranquila quase até aos 80 anos sendo sempre muito amada por todos e sem infelicidades.

Então perguntei qual era a lição aprendida e ela me surpreendeu com a resposta:

— Eu aprendi que todas as vidas devem ser vividas com intensidade. Elas trazem aprendizados muito profundos. Talvez se eu já não tivesse sofrido tanto, em outra vida como escrava, não teria me casado com um homem que poderia ser meu pai, mas que me amava acima de qualquer coisa neste mundo.

Penso que, naquela época, tomei a decisão correta. Mesmo que eu não tivesse a menor ideia do que havia ocorrido em outra encarnação, eu tenho a certeza que foi esse aprendizado de sofrimento que me fez aceitar o amor do Rodolfo, mesmo que eu só sentisse por ele apenas amizade.

Além de trazer a ela a sensação de plenitude e paz, que tanto precisava naquele momento da sua vida atual, o inconsciente trouxe também a lição sobre sua força reguladora, que faz os ajustes sempre que possível, para que sejamos felizes.

Por tudo que foi explanado acima, acredito que ficou claro que não há motivo para se temer a dependência ao terapeuta ou à técnica.

UMA BREVE PAUSA... AMIGOS

Já estou sentindo saudades das nossas conversas!

Mas espero que você me escreva, através da editora que está, agora, publicando esse meu trabalho, colocando mais e mais perguntas, que se eu não souber responder, tenha a certeza, vou procurar aprender, remexendo céus e terra, se necessário.

Espero ter sido objetiva e clara nas minhas respostas. Espero ter me policiado o suficiente para não utilizar falas específicas da minha área.

E isto me lembra de um fato que ocorreu entre meus filhos e eu.

Certa tarde há alguns anos atrás, estávamos voltando do escritório deles, conversando animadamente sobre um trabalho do curso da Faculdade de Comunicação que meu filho, Paulo Henrique, estava fazendo na FAAP.

Ele estava desenvolvendo um texto publicitário e trocando ideias comigo a respeito do peso que têm certas palavras.

Foi então que Luiz Guilherme, meu caçula, na época cursando a Faculdade de Administração, perguntou:

— Mãe, hoje eu estava lendo um texto e vi uma palavra esquisita. O que é um homem macambúzio?

— Ora, meu filho, um homem macambúzio é um homem sorumbático! – respondi candidamente, preocupada com o trânsito, que àquela hora, estava bem congestionado.

Meus filhos caíram na gargalhada e eu depois de uma fração de segundo – quando caiu a ficha – ri tanto que tive que encostar o carro.

Foi uma das maiores lições que tive a respeito de Didática! Espero ter aprendido bem e, aqui, não ter sido tão hermética!

POST SCRIPTUM

Não consigo me furtar ao prazer de contar aqui o desfecho do caso que narrei antes e que entrou para o rol das histórias da nossa família.

Na noite daquele mesmo dia, telefonamos para o meu filho mais velho, Marcos Ricardo, como sempre fazemos.

Naquela época ele já morava nos Estados Unidos, e era a forma de matar a saudade.

Eu estava conversando com ele, quando o Paulo entrou na linha e se seguiu o seguinte diálogo:

— Marcão, diz aí, o que é um homem macambúzio?
— Macambúzio?... É um sujeito emburrado, mal-humorado, deprimido. É um cara sorumbático!

Esse é o meu filhote! Quem puxa aos seus não degenera!

Dra. Solange Hilsdorf Cigagna
(in memorian)
São Paulo, Outubro de 2000

PARTE II

HOMOSSEXUALIDADE NA TERAPIA DE VIDAS PASSADAS

ANTES DE RECOMEÇARMOS NOSSA CONVERSA

O assunto é polêmico, eu sei. Mas, que tal, antes de começarmos a leitura, imaginarmos que estamos sentados em um ambiente muito agradável, com janelas amplas que dão vista para o jardim? O dia está lindo e percebe-se, bem baixinho, o som de uma música envolvendo nossa conversa.

Agora vamos nos desligar de ideias preconcebidas e analisarmos os fatos sem emoções e sem preconceitos. Podemos trocar ideias, questionar valores ou procurar a essência do ser humano. Será extremamente enriquecedor.

Um escritor não escreve para si mesmo, escreve para os leitores, pois sem eles nenhum livro teria razão de existir. É por esta razão que procuro transmitir minhas experiências e aprendizados. Nem sempre poderei estar junto com vocês em uma palestra ou em uma reunião na casa de amigos, mas isto não impede que não possamos trocar nossas vivências.

Espero que a leitura da segunda parte deste livro desperte em vocês ainda mais experiências, conhecimentos e questionamentos.

Dra. Solange Hilsdorf Cigagna
(in memorian)

— Afinal o que você quis dizer com todo esse papo sobre as amigas da mamãe?

Rogério, abrindo a geladeira pigarreia, abre a boca para responder quando a porta da frente se abre.

— Outra hora. Outra hora. A mamãe chegou.

E, fechando a geladeira, vai até a sala.

— Cadê a minha querida mãezoca? Tudo bem, mãe? Trabalhou muito hoje? – pergunta Rogério solícito.

— Nem me fale, filhote. Estou arrasada. Atendi quatro freguesas. Cada uma em um canto da cidade. Os ônibus estavam lotados como sempre e eu estou moída. Parece que levei uma surra! – exclama Maria do Carmo jogando-se no sofá.

Rogério olha para a mãe com amor. Sabe que ela sempre trabalhou muito para dar a eles tudo o que tinham. Era pouco, é verdade, mas nunca haviam passado fome e nem vergonha.

— Sabe mãe, eu ainda vou ganhar muito dinheiro e te dar todo o conforto.

Rogério estava fazendo um curso técnico de fotografia, com muito sacrifício e, para poder pagá-lo, trabalhava em um posto de gasolina como frentista e lavando carros. Sua condição de homossexual assumido provocava muitas brincadeiras entre os colegas, na maioria das vezes bastante ofensivas. Mas, como ele mesmo comentava com a

INTRODUÇÃO

Tomando contato com a realidade

Há muitos anos que tenho me sentido instigada a compreender os meandros da mente humana que, multiforme, produz os mais variados tipos de respostas e fenômenos sociais. Uma das perguntas que sempre esteve presente em meus questionamentos versa sobre o assunto da homoafetividade.

Lembro-me bem da minha primeira experiência com o fato de existirem homossexuais. Eu estava com 5 anos de idade aproximadamente. Na porta de uma loja em Santos, minha mãe me segurava pela mão quando surgiu, de repente, um homem aparentando trinta e poucos anos e, para meu espanto, estava com os olhos levemente maquiados e usando pó de arroz. Fiquei olhando para aquele senhor e mais confusa fiquei quando ele veio conversar com minha mãe como se fossem grandes amigos. Lembro-me de tudo claramente e de como fiquei impressionada.

Quando finalmente ele se despediu perguntei para minha mãe o que estava acontecendo, quem era aquela pessoa e se estava mesmo pintado feito mulher. Minha mãe deu um sorriso, afagou minha cabeça e explicou que aquele homem era um afeminado, que tinha nascido assim e que sua irmã também era masculinizada. Explicou-me que os conhecia desde pequenos, pois eram seus vizinhos, e que a menina se interessava por voleibol e que ele vivia pedindo a minha mãe para pegar suas bonecas e panelinhas. Mas, para finalizar, disse que a culpada de tudo era a mãe dele que incentivava o menino a brincar com panelinhas, já que a irmã mais velha não gostava.

A imagem do homem afeminado, como o classificou minha mãe, permaneceu em minha mente por muito tempo. Eu não conseguia entender; e o fato de ter descoberto que na natureza havia mais mistérios que eu podia imaginar me incomodava. Penso que tenha sido minha primeira percepção de que as coisas não são tão simples, nem podem ser explicadas facilmente.

Encarando o assunto de frente

Muitos anos se passaram. Por volta dos meus 15 anos tive a segunda experiência mais forte e contundente. Eu estudava em colégio de freiras e comecei a notar que na hora da saída, bem no portão, ficava uma mulher que era irmã da nossa vizinha de apartamento. Chamava atenção por seu comportamento másculo, usava ternos masculinos, cabelos bem curtos e nenhuma maquiagem. Com o cigarro no canto da boca, vivia montada em uma lambreta. Sempre que me via nos corredores ou no pátio do prédio onde eu e a irmã dela morávamos, me encarava de uma forma que eu decididamente não aprovava.

Minha grande amiga Sandra, na época com 13 anos, costumava brincar comigo a respeito: "Ah, Solange, ela deve estar de olho em você!". Eu ficava bastante preocupada com isso, pois já possuía boas noções sobre o universo dos comportamentos sexuais humanos. Confesso que o assédio me incomodava muito. E mais, eu tinha medo de contar o fato para meus pais. Sentia-me até assustada, não conseguia administrar a situação.

E assim, muitos meses se passaram.

Certo sábado eu a vi na saída da escola encostada no muro ao lado do portão. Surpresa, vi que acenava para mim com as chaves de um carro na mão. Decididamente não gostei. Sorrindo, dirigiu-se a mim convidando a dar um passeio pela orla da praia e dizendo que depois me levaria para casa, pois ia almoçar com a irmã, minha vizinha. Com o coração na boca recusei o convite e pus-me a andar, quase a correr, de volta para casa.

Abordou-me novamente algumas quadras à frente, agora já de carro, dizendo que eu não precisava ter medo, que ela não ia me fazer nenhum mal. Acabara de comprar o carro e teve a ideia de me convidar para dar uma volta, sem nenhuma outra intenção.

Parada na calçada, e paralisada de medo, olhei direto em seus olhos e vi lágrimas. Aquilo me desnorteou. O medo mesclado a um sentimento de dor e compaixão me abalou. Agradeci, mas neguei entrar no carro. Disparei para casa chorando também. Chorava de medo, chorava por aquela mulher, pelo sofrimento dela, pelo desperdício de afeto do qual eu não queria saber e nem participar. Foi a primeira vez que me dei conta de quanto um homossexual sofre. De quantos amores impossíveis é feito esse universo que está aí, incisivo e real.

Ao chegar em casa, estava muito abalada contei o ocorrido ao meu pai que, imediatamente, foi pedir explicações para a irmã, nossa vizinha. Muito constrangida, ela confessou saber do fato e que muitas vezes havia desestimulado a irmã de me abordar, acrescentando que sentia vergonha daquela "mancha na família" e que tomaria as providências necessárias.

Não sei que medidas foram tomadas, só sei que nunca mais a vi. Mas a imagem daqueles olhos cheios de lágrimas me acompanhou por um bom tempo trazendo o mesmo sentimento de receio e de tristeza.

Os anos se passaram, eu cresci, me casei, tive meus filhos e o meu preconceito aos homossexuais manteve-se igual. Não gostava de ir a cabeleireiros gays, não queria aproximações. Sentia-me ferida na minha feminilidade ao ver aquele comportamento alterado.

Ao mesmo tempo sentia que havia algo muito mais profundo do que a simples noção de "doença" ou "perversão" com que a homossexualidade é catalogada ainda hoje. Intuitivamente percebia que havia um quadro muito maior fazendo fundo ao fato real. Não conseguia assimilar como única e verdadeira explicação o fato de que "o cara é gay porque é doente, pervertido".

Ampliando minha visão

Durante os cinco anos do meu curso de Direito, no fim dos anos 1960, essa noção foi muitas vezes reiterada, mantida e exaustivamente "provada". Ainda não havia naquela época as noções atuais um pouco mais amplas que hoje norteiam nosso corpo de leis cíveis e penais.

Como se sabe, levou tempo até que a discriminação contra os homossexuais fosse proibida por lei e passível de punição nos Estados de São Paulo, Rio de Janeiro e Minas Gerais. [19] O Instituto Nacional de Seguro Social (INSS) foi obrigado pelo Estado do Rio Grande do Sul a fazer o pagamento de pensão de viúvas ou viúvos de uniões homossexuais formadas antes de outubro do ano 2000[20], quando termino este trabalho.

Vários tribunais brasileiros reconhecem que o parceiro da união homossexual tem direito à herança e deve ficar com metade do patrimônio construído em comum. Muitos de nossos juízes já concedem a guarda do filho quando um dos parceiros é a mãe ou o pai biológico da criança. [21]

---

19 "Para além dos direitos que possuem amplitude nacional, existem diversas medidas legislativas estaduais e municipais que visam a proteção da comunidade LGBTQIAP+. Cerca de 70% da população brasileira reside em regiões onde as leis locais fornecem a proteção contra a discriminação com base na orientação sexual e na identidade de gênero. São exemplos os seguintes estados: Amapá; Amazonas; Distrito Federal; Espírito Santo; Maranhão; Mato Grosso do Sul; Minas Gerais; Pará; Paraíba; Piauí; Rio de Janeiro; Rio Grande do Norte; Rio Grande do Sul; Rondônia; Santa Catarina; São Paulo. Além de cidades, como Fortaleza, Recife e Vitória." (in https://www.politize.com.br/equidade/blogpost/os-direitos-lgbt-no-brasil/). N.E.

20 "Através desta decisão, o INSS instituiu a Instrução Normativa nº 45, de 07 de junho de 2000, afirmando que a possibilidade de concessão de pensão por morte para casal homossexual." (in https://saberalei.com.br/pensao-por-morte-para-casais-homoafetivos/). N.E.

21 "A união estável de pessoas do mesmo sexo foi reconhecida pelo STF desde 2011, sendo julgado como efeito ergas omnes e com as mesmas regras de

Outra conquista desse setor na nossa sociedade diz respeito à inclusão do parceiro como dependente nos principais planos de saúde. Como se vê, apesar dos inúmeros protestos de vários segmentos da nossa sociedade, muitos outros setores tentam encarar com alguma simpatia a união homossexual. Segundo o Instituto Brasileiro de Geografia e Estatística (IBGE) hoje existem cerca de 17 milhões de pessoas que pertencem a esse grupo sexual, que deve e merece ser ouvida e entendida.[22]

Mas voltando no tempo, quando entrei na faculdade de Psicologia em 1972 comecei a perceber que havia algo de diferente na postura e no entendimento a respeito da homossexualidade. Ao me enfronhar na teoria freudiana, onde a sexualidade é o ponto central, comecei a entender que havia realmente muito mais por detrás daquele comportamento que, até então, eu havia conhecido e mais ou menos aceitado. Sem dúvida, a psicanálise foi de grande utilidade no meu entendimento de muitos desses comportamentos.

---

união estável heteroafetivas, sendo assim as relações homoafetivas, em termos jurídicos, passaram a ter as mesmas regras das relações heteroafetivas, tendo direitos e deveres." (in https://www.jornalcontabil.com.br/casais-homoafetivos-tudo-sobre-guarda-e-pensao-alimenticia/) N.E.

22 Segundo o IBGE, em dezembro de 2020, "sobre a orientação sexual 65% das pessoas se declararam como homossexuais, seguidas pelas bissexuais, com 26,7%. A pesquisa foi realizada virtualmente com mais de 15 mil brasileiros, maiores de 18 anos, em 26 capitais e no Distrito Federal." N.E.

Novos caminhos

Já formada, e atuando como terapeuta, ainda sentia que havia outras razões, mais profundas, que explicassem o fato de uma pessoa nascer e sentir, pensar, agir, sonhar como o sexo oposto. Não conseguia me restringir aos parâmetros aprendidos nas diversas escolas de pensamento psicológico. Havia algo mais. Eu podia perceber isso nos meus pacientes. Mas o quê?

Atendi diversos pacientes homossexuais durante anos. Muitos eu ajudei, outros nem tanto. Mas foi quando comecei a utilizar a Terapia de Regressão a Vidas Passadas (TRVP) como abordagem psicoterápica e muitas das minhas perguntas foram respondidas.

Faz-se necessário esclarecer aqui que não usei essa técnica com o pressuposto que encontraria mais respostas a respeito do universo homossexual. As respostas vieram naturalmente.

Mariana, uma linda moça, culta e extremamente inteligente, era homossexual assumida. Frequentava sempre os bares e recantos gays em busca de relacionamentos fugazes. Executiva de alto escalão em uma multinacional, não queria de forma alguma envolvimentos afetivos mais prolongados.

Em função de seu cargo, viajava por várias capitais mundiais e adorava sua liberdade. Mas – sempre há um "mas" na vida de todos nós – acabou se apaixonando por uma moça ainda muito nova que não estava disposta a ficar em segundo plano. Mariana estava extremamente duvidosa em assumir uma vida em comum com a moça. Amava profundamente Celina, mas não queria perder sua liberdade. Foi esse impasse que a levou ao meu consultório.

Não havia nenhum problema com sua preferência sexual, afirmou-me ela energicamente. Só queria ajuda para tomar uma decisão. Queria se conhecer melhor para não errar.

Depois de algumas sessões psicoterápicas tradicionais ela propôs que utilizássemos a TRVP. Assim o fizemos, pois não havia nenhuma contraindicação clínica. Ela retornou a uma vida passada como uma linda jovem nômade na Ásia Central. Por ser filha do líder da caravana, além de bela, com verdes como esmeraldas, era muito requisitada pelos jovens ao seu redor, o que a fazia extremamente vaidosa dos seus atributos físicos. Por volta dos 12 anos de idade foi prometida a um jovem pelo qual muito se afeiçoou.

Certa noite a caravana foi atacada por numerosos bandoleiros. Além de destruírem quase todas as tendas, roubaram ovelhas, camelos e a linda menina. Ela foi estuprada e maltratada inúmeras vezes. Mantida a ferros por um longo período, não aguentou e veio a falecer.

O momento da morte daquela menina foi vivenciado com muita dor pela paciente. Quando lhe perguntei qual havia sido o último pensamento daquela vida, qual a decisão tomada no instante da morte, Mariana, ainda recordando seu passado como a menina nômade, disse textualmente: "Nunca mais quero ser mulher! Se eu fosse homem nada disso teria acontecido! Eu odeio ser mulher! Toda essa sujeira em mim! Não quero, não quero!"

Perguntei, então se ela, Mariana, queria mudar essa decisão tomada em outra vida. Depois de algum tempo, enquanto chorava mansamente, respondeu-me: "Não. Absolutamente não. Sou feliz assim. Não quero ser mulher de ninguém! Eu sou o que sou e sou feliz assim. Não quero, nunca, ser de ninguém." Foi o que faltava para ela tomar a decisão quanto ao seu relacionamento com Celina.

Descobriu que não estava preparada para sentir-se presa a ninguém. Que gostava de correr o mundo afora sem ter compromissos afetivos formais e muito menos raízes. Resquícios da vida nômade. Obviamente terminou seu namoro e continuou sua vida livre de formalidades e feliz em ser homossexual. Nos últimos anos às vezes a vejo, mas sempre para bater um papo amigável e "dar uma reciclagem", como ela mesma diz.

Não estou afirmando – é bom que isso fique bem claro – que todo homossexual tem uma ou teve várias vidas passadas que explicam sua realidade. Seria, no mínimo, perigoso, imprudente e até mesmo falso fazer tal afirmação. Mas, para podermos clarear um pouco mais a questão da homossexualidade é necessário tecer algumas ponderações.

É fato que essa realidade existe. Cada vez mais a homossexualidade no mundo moderno está em todos os lugares. A cada dia que passa a noção "educar para a diversidade" torna-se mais presente. Hoje não se vê com muito espanto as mobilizações dessa minoria.

Tempos novos

Em junho de 2002 foi realizada a VI Parada do Orgulho Gay em São Paulo e, segundo as estimativas da Polícia Militar, reuniu 500 mil pessoas. Havia, também, muitos simpatizantes heterossexuais que gostam de confraternizar com seus amigos homossexuais.

E o que dizer de uma propaganda do Ministério da Saúde que explicita o rompimento de um namoro entre dois rapazes e a mãe querendo animar o filho diz: "Você ainda vai achar um rapaz que te mereça, filho."

Aqui cabem algumas questões:

- Será que hoje as pessoas têm menos medo de assumir suas verdades?
- Preocupam-se menos em ocultar o que sentem ou o que pensam a respeito de suas preferências sexuais?
- O número de homossexuais está aumentando?
- A permissividade dos tempos modernos encoraja isso?

O fato é que, através dos tempos, os homossexuais sempre existiram. Muitos deles famosos nas artes, nas guerras, nos negócios ou como estadistas.

Gostaria de propor a você, caro amigo leitor, fazermos uma pesquisa nos arquivos da memória de nosso computador interno, referente aos nossos conhecimentos adquiridos nas sonolentas aulas de História Geral (desculpe, mas eu amava essas aulas!) e recordarmos o muito que aprendemos.

Revisitando o passado

Na Grécia Antiga, para só enfocarmos a Civilização Ocidental, o amor homossexual inspirou muitas das manifestações artísticas nos afrescos, nas crônicas, nos discursos e até nas leis. Muitos helenistas[23], talvez por desconforto, procuram esclarecer esse hábito e costume grego em dezenas de laudas, como se o fato pudesse empanar a grandiosidade da civilização grega, suas conquistas, suas manifestações intelectuais e artísticas.

Muito se questiona o que seria a figura do efebo[24]. Ritual iniciático? Processo pedagógico? Forma de acesso a status social? O que hoje, para nós, constitui um gravíssimo ato – a pedofilia – e que nos faz arrepiar até o último fio de cabelo, era encarado sem maiores problemas.

É digno de nota que para a sociedade grega os vocábulos "heterossexual" e "homossexual" não existiam. Havia dezenas de outros termos para conceituar atitudes de caráter homossexual. Aliás, o termo "homossexual" de autoria de K. Benkert só foi introduzido pela primeira vez na literatura médica em 1869.

---

23 Indivíduo que se especializou no estudo da língua e da civilização da Grécia antiga.
24 Aquele que atinge a idade da puberdade.

Ao estudar os povos dóricos através de legados de sua Filosofia, História ou Ciências Humanísticas percebe-se nitidamente que havia duas posturas distintas, porém harmônicas, para a realidade sexual masculina.

A primeira, de caráter privado, direta e indevassável, dizia respeito ao relacionamento do homem com as mulheres, fossem elas suas esposas, concubinas ou escravizadas.

A segunda, de caráter público, eminentemente social, dizia respeito ao relacionamento do homem adulto com jovens mancebos. Explícito, esse relacionamento era totalmente focado – pelos efebos e seus pais – na busca de maior prestígio e destaque em sociedade.

E o mais interessante é que havia um limite muito tênue entre a aprovação ou o repúdio a essa intenção social. Quando esse tipo de relacionamento passava, por exemplo, da faixa etária preestabelecida e dois homens adultos mantinham relações homossexuais, incorriam em caso de grave injúria social.

A prostituição masculina era considerada crime em muitas cidades da Grécia Antiga. Pode-se pressupor, portanto, que na cultura grega havia diferentes formas de se entender a homossexualidade. Tanto com a aceitação em termos de iniciação pedagógica do jovem como o terminante repúdio ao relacionamento homossexual adulto.

É interessante lembrar que nos relacionamentos homossexuais entre o efebo e seu patrono – já que esse homem se encarregaria de sua educação e sua ascensão social – não havia o menor envolvimento afetivo. O que contraria completamente as nossas noções sobre as relações homossexuais de hoje que se pressupõe serem de fundo amoroso.

Outro fato que deve ser lembrado, e que é pouco ou quase nada mencionado, diz respeito à homossexualidade feminina. A não ser pela figura de Safo, poetisa grega que dirigia seus versos a adolescentes do sexo feminino, e pouco se sabe de sua vida. Sua figura ficou ligada a Ilha de Lesbos onde viveu cercada por suas alunas. Mas muitos historiadores questionam se a fama que Safo angariou não se deve mais à sua independência e criações líricas do que propriamente ao seu comportamento sexual. Com certeza, ela fugia dos parâmetros femininos de sua época já que à mulher só eram permitidas as tarefas domésticas sem nenhuma conotação intelectual.

Na Roma Clássica pouca diferença havia quanto ao enfoque da homossexualidade. Há inúmeros estudiosos que afirmam que ela era prática comum entre os romanos, principalmente entre seus guerreiros, antes mesmo da conquista do povo helênico pelos latinos. Somente com a divulgação do Cristianismo tardio, que trazia os conceitos do judaísmo mosaico, é que se iniciaram novos padrões de comportamento.

Na Idade Média, com os preceitos religiosos vigentes, que focavam com rigidez o comportamento sexual dos devotos – restringindo inclusive a prática do mesmo entre casais abençoados pelo Santo Matrimônio (a Igreja Católica, naquela época, aprovava o ato sexual somente com o fito de procriação) –, grande parte dos homossexuais passou a esconder esta condição como o mais terrível dos segredos. Quando descobertos, eram amaldiçoados e ridicularizados. Isso quando não eram queimados em fogueiras junto com as bruxas e outros tipos dos considerados pecadores.

Preconceito e autoconhecimento

Foi a partir do século XIX que apareceram certas "técnicas de cura" para a homossexualidade. Ali, foi incutida a noção de que era uma doença e, a partir desse conceito, inúmeros tipos de tratamento foram desenvolvidos através de terapêuticas hormonais, lobotomias pré-frontais, castrações, etc.

Além de não alcançarem os resultados desejados, esses tratamentos fizeram muitas vítimas fatais. E até hoje, em muitos segmentos da sociedade, a homossexualidade é vista como doença, seja física ou psicológica. Também é encarada como sintoma de perversão, desacreditando o caráter, a inteligência e o sentimento religioso e espiritual do homossexual.

Apesar desse cenário, vemos homossexuais em cargos de comando em empresas multinacionais, em posições de destaque na política, nas artes, nos esportes e nas ciências. E já não se importam que se saiba, ou não, de suas preferências amorosas. A própria mídia, de uma forma geral, se encarregou de tornar a homossexualidade mais aceitável.

Interessante! Como conseguiram tal feito se a inteligência e a competência fossem elementos exclusivos dos heterossexuais? Alguns comentam que a pressão sobre eles é menos corrosiva.

Será verdadeira essa premissa?

Não é o que narram em consultórios psicológicos. As pessoas, de forma geral, aceitam a homossexualidade, desde que não aconteça no seu meio familiar, no seu meio de trabalho, no seu meio social. E mais, têm sempre a esperança de vê-los "curados". Encaram a atividade homossexual como uma doença que pode e deve ser eliminada.

Poucos são os heterossexuais que aceitam realmente o fato de existir outra preferência no campo sexual. Em função disso, inúmeros homossexuais chegam aos consultórios para tentar uma transformação, uma modificação no seu modo de ser, de sentir amor, de sentir desejos. Fazem isso para agradar a família, para cortejar o meio social ou para parar de sofrer humilhações. Não têm como objetivo primeiro o conhecer-se melhor, entender seus próprios impulsos ou se aceitar.

Muitos dizem que não aguentam o desprezo dos familiares, amigos ou colegas de trabalho. Vivem em constante luta interior com o que sentem e com o que se espera deles. Poucos vão procurar uma forma de mergulhar em seu interior, descobrir-se no mais profundo do seu âmago. Poucos procuram maior autoconhecimento e talvez uma maior autoaceitação. Almejam uma modificação milagrosa. E que o terapeuta se encarregue disso.

É necessário que se coloque aqui que nunca nenhum terapeuta interfere nas decisões pessoais de seus pacientes. Estes vêm procurar soluções para seus problemas e, no decorrer do tratamento, tomam decisões que são suas e tão somente suas, para o encaminhamento de suas vidas.

Autoentendimento e autoaceitação

Notei algo muito interessante quando comecei a utilizar a TRVP nos casos de homossexualidade. As posturas assumidas perante a vida e as decisões fundamentais foram feitas com mais firmeza e facilidade. Foi o que me estimulou a anotar dados, ainda que de uma forma pouco rígida, para entender, estudar, e verificar a homossexualidade como um fruto, não só de mandatos feitos em momento altamente traumático em um passado distante desta ou de outras vidas, como também ser o resultado de um somatório de hábitos e costumes já vivenciados.

É claro, e já o disse aqui, que nem todos os casos de homossexualidade são originários de vidas passadas. Muitos homossexuais o são pelas mais variadas razões que possam cobrir o universo humano; outros encontram as respostas que buscavam em seu passado. Não que com isso todos tenham modificado suas preferências sexuais. Mas, com certeza, a autoestima foi elevada a níveis compatíveis a uma boa estrutura de ego. Alguns até mudaram sua preferência sexual depois de entenderem a razão de seus impulsos e preferiram tomar outro rumo em suas relações amorosas.

É preciso ter sempre em mente que nem todos os homossexuais se sentem compelidos a procurar um terapeuta. Muitos não procuram ajuda psicoterápica, não sentem essa necessidade. Estão felizes com seus relacionamentos e não pretendem mudar nada em suas vidas. Tenho um amigo que, brincando comigo, sempre me diz: "Sou gay, não sou louco".

Temos visto inúmeros casais homossexuais que assumem publicamente seus parceiros. Mais, ainda, querem de alguma forma ter uma família como todas as outras e, para isso, até a própria Ciência tem contribuído muito. Em países como Holanda, Bélgica, Inglaterra e Alemanha, entre outros, a adoção de crianças por casais homossexuais é permitida.

Não farei aqui a discussão sobre alguns pormenores. Repito, o que motivou a realização desse estudo foi a constatação de que muitos sofrem com sua homossexualidade por não se entenderem e não se aceitarem.

O que mais existe?

- E o que dizer de inúmeros bissexuais que existem por esse mundo afora, escondidos em casamentos aparentemente felizes e duradouros? Eles também sofrem, e muito, por sentirem impulsos que não conseguem entender, aceitar e que não conseguem sufocar. Quantas famílias veem seu mundo desmoronar ao descobrirem que o pai ou a mãe tem um relacionamento homossexual?

- Por que essas pessoas se casaram, criaram filhos, tiveram até netos e não conseguiram se desvincular desse seu lado homossexual?
- O que faltou?
- Que força interna é essa que impulsiona, que confunde, que arrasta o ser humano para a realização de seus anseios afetivos?
- E o que dizer das pessoas que descobrindo-se homossexuais descartam suas vidas afetivas e devotam-se ao trabalho, compulsiva e sofregamente, tornando-se, não raro, amargas e antissociais?

Estas e muitas outras questões me fizeram refletir, procurar estudar e entender esse universo que aí está e que não pode e nem deve ser ignorado.

As sessões de TRVP foram feitas com todo o rigor no método para que pouca coisa escapasse da análise clínica necessária. Dos muitos atendimentos feitos por mim e por alguns de meus colegas, também engajados nessa questão, escolhi alguns casos para exemplificar esse trabalho que apresento agora. É óbvio que todas as características pessoais foram alteradas para que não haja identificação em hipótese alguma.

Para tornar a leitura mais agradável e transmitir todo o quadro emocional, resolvi transformar, em cada caso, a anamnese e as posteriores informações obtidas no transcorrer das sessões em pequenas histórias, sempre preservando o tom, a ótica e o perfil do paciente. Coloco o desenrolar das sessões de regressão com a mais absoluta fidelidade ao conteúdo, ao desdobramento e ao término do tratamento.

Não há aqui nenhuma pretensão de apresentar verdades irrefutáveis e muito menos criar polêmicas. Apresento, simplesmente, alguns dos casos que vieram às nossas mãos e que, no meu entender, podem contribuir, ainda que pouco, para dar mais uma dimensão à questão do homossexualismo.

As conclusões serão tantas quantos forem os leitores que aqui prenderem sua atenção. Não há uma verdade universal quando se fala do ser humano. Todos, nós somos infinitamente amplos para que se possa restringir ou delimitar verdades.

A conclusão é sua. Totalmente sua. Valorize-a.

ESCLARECIMENTO AO LEITOR SOBRE A TRVP

Sobre as técnicas de Terapia de Regressão à Vidas Passadas (TRVP) gostaria de relembrar aos meus queridos leitores e esclarecer aos novos amigos, que chegaram até a segunda parte desse livro, que o processo terapêutico da técnica da TRVP se inicia com um relaxamento profundo no paciente o que propicia uma maior conexão com seu inconsciente.

Em linhas gerais, é a partir deste ponto que se começa o trabalho propriamente dito. É no núcleo terapêutico que o paciente vai recordar, com intensidade, o conteúdo emocional necessário para seu tratamento. É nesta etapa que ele descobre qual foi o momento mais significativo da sua experiência vivida e qual o mandato inconsciente que foi estabelecido por ele mesmo. A seguir, vem a fase da modificação de estrutura interna na qual o paciente, com o auxílio do terapeuta, reverte o mandato interno que o está prejudicando.

Após a realização do trabalho nesse núcleo é feito o Retorno, lento e progressivamente, para que o paciente se sinta reconfortado e bem-disposto para dar continuidade ao processo.

Nesta mesma sessão, agora com o paciente bem centrado, faz-se então a terapia de apoio, que é uma avaliação feita pelo próprio paciente, auxiliado pelo terapeuta, de tudo o que foi vivenciado durante a regressão de memória.

Para que não se tornasse cansativo para o leitor, as sessões de avaliação para tratamento, bem como as sessões de levantamento de dados, não foram mencionadas aqui, já que estão sintetizadas no histórico de cada caso. Pelo mesmo motivo, a descrição do relaxamento e do Retorno foi omitida, pois não acrescentariam nada ao entendimento do caso em si.

Preferi focar o núcleo terapêutico que é, na realidade, a raiz da questão. Todos os núcleos terapêuticos foram descritos aqui com toda a fidelidade.

Quanto à terapia de apoio, foi feita uma síntese na qual é demonstrado claramente quais os postos-chaves que o paciente descobriu durante a sessão, e de que modo essa descoberta veio auxiliá-lo no seu tratamento.

Por fim, reitero que os nomes dos pacientes aqui mencionados foram trocados por pseudônimos para preservar-lhes a identidade, segundo a ética profissional.

Espero que consiga transmitir toda a emoção que envolve um tratamento deste nível.

ESTUDO DE CASO 1

CÉSAR AUGUSTO

Paciente: César Augusto

Idade: 32 anos

Profissão: Engenheiro Civil

Sexo: Masculino

Observações: O paciente apesar de qualificar-se como Engenheiro Civil, atualmente trabalha em montagem e produções cenográficas. Na primeira sessão de anamnese mostrou-se entre vacilante e resolvido a se conhecer melhor.

Constelação Familiar

O paciente é o terceiro filho tendo duas irmãs mais velhas.

Pai

Nome: José Carlos

Idade: 65 anos (falecido)

Dados: Dono de uma oficina mecânica. Primeiro grau completo. Falecido há muito pouco tempo por enfarto. A morte deflagrou uma crise no paciente. O pai nunca aceitou a homossexualidade do filho.

Mãe

Nome: Marilene

Idade: 63 anos

Dados: Dona de casa. Primeiro grau incompleto. Finge que não entende a homossexualidade do filho.

Irmã mais velha

Nome: Marina

Idade: 39 anos

Dados: Secretária Bilíngue. Casada. Bom relacionamento entre o paciente e ela. Ajudou-o muito financeiramente. Hoje aceita bem a homossexualidade do irmão. Mantém relacionamento estreito com o paciente, porém longe da sua própria família. Seu marido e seus filhos não se sentem à vontade na presença do paciente e do seu companheiro.

Irmã mais nova

Nome: Míriam

Idade: 37 anos

Dados: Coreógrafa. Dedicou sua vida à dança e à expressão corporal. Fez muitos cursos no exterior. Em dois deles, de curta duração, o paciente a acompanhou com tudo pago por ela. São muito amigos e cúmplices. Aceita a homossexualidade do irmão sem problemas, já que convive com muitos deles em seu meio profissional.

Histórico

— César, menino, onde foi que você se meteu? – pergunta José olhando à sua volta. — Venha cá me ajudar. Pegue a furadeira lá no fundo. E não se esqueça de trazer as brocas!

O menino franzino, mas de uma beleza angelical, levanta-se de um banquinho encostado na parede da oficina e, com um ar entediado, vai atender ao pedido do pai.

— É essa daqui, pai? – pergunta o menino entregando a ferramenta. — Só achei estas brocas aqui. São essas?

— Deixe-me ver. Não moleque. Isto não é broca! São parafusos. Você não consegue aprender, hein!? Já está com sete anos e não consegue saber o que é um parafuso e o que é uma broca – retruca o pai entre zangado e divertido.

César olha para seu pai e vê o homem grandalhão sujo de graxa dos pés à cabeça, agachado ao lado de um automóvel todo desmontado.

Pela cabeça do menino passa um milhão de pensamentos, de como ama seu pai, de como não gosta de vê-lo assim sujo e suado, de como gostaria de estar a quilômetros dali, desenhando em casa, junto de sua mãe e irmãs, de como não gosta do ambiente da oficina e nem daqueles mecânicos sujos, sempre com palitos nos dentes.

— Que foi César? Por que está me olhando deste jeito? – resmunga o pai — Você tem de aprender, sim senhor! Vai ser dono de tudo isso aqui, tem que saber das coisas.

E voltando-se para um dos empregados arremata:

— João, vai buscar as brocas lá no fundo. O meu machinho aqui ainda não sabe o que é isso.

César, em silêncio, dirige-se novamente ao seu banquinho. Senta-se e fica olhando para a rua através da janela. Sente-se deslocado e totalmente desinteressado do que ocorre dentro da oficina do pai. E assim fica até a hora de voltar para casa.

— Vamos embora, rapaz. Está com fome? O que será que sua mãe preparou para jantar, hein? – pergunta José Carlos ao filho enquanto fecha as portas da oficina. E acrescenta:

— Será que hoje vão passar o jogo do Palmeiras na televisão?

César, feliz da vida por terminado seu martírio e bem mais contente de ver seu pai limpo e arrumado, diz sorrindo enquanto agarra na mão dele:

— Não sei, pai. Talvez sim. Mamãe deve saber. Mas aposto que a Marina e a Míriam vão querer ver a novela.

— Problema delas. Nós vamos ver o jogo, não é filhão? Suas irmãs e sua mãe veem novela todo santo dia. Hoje é o nosso dia, não acha?

E ambos entram no carro e enfrentam o pesado trânsito de São Paulo.

E dentro desse universo humilde, mas honrado, foi se passando a infância de César. O nível cultural dos pais era limitado. Trabalhavam duro para que nada faltasse aos filhos. Tinham uma vida bem regrada e almejavam um futuro melhor para eles.

César, durante todo o primeiro grau, estudou em colégio particular, diferentemente de suas irmãs mais velhas que cursavam o segundo grau em uma escola pública. Tanto Marina quanto Míriam reclamavam da preferência, mas a explicação dada por seus pais era de que elas já estavam acostumadas com a escola e era melhor não mudar. E que agora a situação da família era um pouco melhor, portanto César podia desfrutar de um bom estudo, já que ele iria cursar, com certeza, uma faculdade de Engenharia Mecânica, que era o sonho que José Carlos tinha em relação a César.

De início, a mãe não concordou com essa posição do marido, mas acostumada a não discutir muito para não despertar nele uma fúria, às vezes incontrolável, preferiu calar-se. Também compartilhava da noção de que era para o menino que tinham de ser dirigidas todas as economias da família para que pelo menos um dos filhos pudesse ter um diploma universitário, segundo o pai "ser um doutor".

Ela acreditava que as meninas, com certeza, arrumariam um bom marido que as sustentassem e, por isso mesmo, não precisavam de diploma de faculdade. José concordava integralmente com a mulher.

César adorava as irmãs e gostava sempre de ficar junto delas. Dormiam no mesmo quarto, já que o sobradinho em que viviam no Tatuapé era pequeno. Desde cedo César participava das brincadeiras com as irmãs, onde bonecas e panelinhas, fitas e adereços, maquiagem, pentes e escovas dominavam o ambiente.

Míriam vivia costurando roupinhas para suas bonecas. César se divertia e ajudava na criação das fantasias de dança feitas de papel, para os espetáculos que eles inventavam. Marina, a mais velha, logo se cansava e abandonava a brincadeira. Dessa forma, César e Míriam criaram uma afinidade muito forte entre si. Havia uma diferença de cinco anos entre eles, mas isto nunca prejudicou o diálogo e entrosamento dos dois.

O pai não gostava nem um pouco dessas brincadeiras do filho. Vivia comprando brinquedos de meninos – bolas, carrinhos, ferramentas de plástico – e nos fins de semana brincava na rua com César, longe daquela mulherada, como dizia.

César também gostava de brincar com o pai, principalmente de jogar bola. Era um bom goleiro quando jogava na rua com os amigos e no colégio. Bom estudante, sempre com notas altas, era o orgulho do pai.

Seu relacionamento com a mãe era bom, mas distante. Suas irmãs é que lhe davam o carinho maternal necessário.

Tirando as suas idas à oficina, que o desgostavam profundamente, sua infância foi bastante feliz.

Por volta dos 13 anos começou a frequentar os ensaios de escola de dança que sua irmã Míriam cursava.

Certa noite, César e a irmã chegavam em casa depois de mais um desses ensaios e perceberam que o pai, extremamente irritado, estava brigando com a mãe, gritando em voz alta que ele até aceitava "ter uma filha prostituta, mas um filho viado, não".

— Você não está vendo que o César está ficando muito menininha? Já não chega essa de cabelos compridos, agora ainda quer colocar brinco? E toda hora vai atrás da Míriam para ver essas danças que ninguém entende e, pior ainda, ficar de papo com os amigos viados dela? Eu não quero mais saber dele indo nessas m... de ensaios. Se eu pegar ele indo para aquele antro novamente eu mato ele de porrada e ainda toso aquele cabelo.

Ao ouvir os gritos do pai César parou estarrecido.

— Cortar meu cabelo? Por quê? Por que ele implica tanto com meu cabelo, Míriam? - sussurrou o menino.
— Deixa pra lá. Papai é assim mesmo. Ele berra muito com a mamãe. E você sabe que ele não entende nada de arte e de modernismo. Deixa que eu converso com ele. Não precisa ficar aí com essa cara. Não vou deixar ninguém cortar seu lindo cabelo.

César era conhecido por seu rosto de anjo. Com cabelos loiros e olhos azuis chamava atenção por sua beleza. Seus colegas na escola o batizavam sempre com apelidos pesados referentes ao seu semblante quase feminino. César ficava chateado com as brincadeiras, mas não tinha coragem de brigar. Detestava qualquer tipo de violência. Preferia fingir que não ouvia.

Ao descobrir as brincadeiras que faziam com o filho e achando que era necessário que ele soubesse se defender, seu pai matriculou-o em um curso de judô.

César odiava as aulas. Sentia-se constrangido naquele universo de lutas marciais. Não conseguia dizer isso ao pai, mas conseguiu fazer um acordo: frequentaria as aulas de judô, mas também iria aos ensaios de Míriam. Meio a contragosto José concordou.

Com o passar dos anos, por volta de seus 17 anos, arrumou sua primeira namorada. Fez isso mais para agradar a família e aos amigos. Gostava de Sônia como uma boa amiga, mas não sentia maiores impulsos por ela. Já havia percebido que seus impulsos sexuais eram mais dirigidos aos amigos, o que o deixava atordoado.

Um deles em especial provocava em César desejos de abraçar, beijar, acariciar. Este amigo nunca soube desses impulsos. Quando chegou o término do segundo grau Renato voltou para sua terra natal, no interior de São Paulo, onde foi cursar faculdade. César nunca mais o viu. Foi quando resolveu namorar Sônia.

César já se achava diferente dos amigos, mas não aceitava de modo algum sua possível homossexualidade, apesar de saber bem o que isso significava. Só de pensar em causar tamanho desgosto a seu pai, tão amado, preferia passar por cima de seus sentimentos e tentar ser aquilo que todos esperavam que ele fosse. Inclusive suas irmãs. Míriam foi a única que tentou conversar com ele a respeito do que ela chamava de comportamentos diferentes. Mas nem com ela César conseguiu se abrir.

Durante o Vestibular teve uma séria discussão com o pai, pois desejava fazer Arquitetura, e ele desejava que o filho se tornasse Engenheiro Mecânico. Essa, sim, segundo o pai, era uma "profissão de macho".

Sem estímulo e infeliz, César prestou vários vestibulares e não conseguiu entrar em nenhuma faculdade de Arquitetura. Porém, foi aprovado em uma famosa escola de Engenharia em São Paulo. Resolveu então fazer a vontade do pai. Mas, no decorrer do curso, decidiu especializar-se em Engenharia Civil, que era o mais próximo do seu desejo. Seu pai, conformado, aceitou.

Assim que começou a cursar a Faculdade de Engenharia terminou seu namoro com Sônia, sem ter passado de simples abraços e beijos.

Sentia-se perdido e desestruturado afetivamente. Não conseguia se entusiasmar por nenhuma moça. Gostava de ir a festas que a turma da faculdade promovia, mas sempre ficava em desconforto quando era abordado por alguma moça. Sua timidez em relação ao sexo oposto era notória. Seus amigos se divertiam com isso e mandavam que as amigas o provocassem. O que elas logo aceitavam porque César era muito bonito.

Certa vez, quando tinha quase 20 anos, os amigos de classe promoveram uma festinha de embalo e, a certa altura da noite, todos sumiram e o deixaram sozinho em um apartamento com uma dessas meninas liberais para que perdesse a virgindade. Nada aconteceu.

Extremamente chocado com a atitude dos amigos, saiu para a noite de São Paulo. Percorreu as ruas durante horas seguidas, sem rumo e chorando muito. Chegou em casa ao amanhecer, cansado e amargurado.

No final de semana seguinte resolveu ir à uma boate gay, indicação obtida por um dos bailarinos que dançava no grupo de sua irmã Míriam. Obviamente ela não ficou sabendo de nada. Chegando lá, Maurício o apresentou a vários amigos frequentadores da casa. César sentia-se deslocado e apavorado com a ideia de que alguém pudesse descobrir onde ele estava. Mas, com o tempo, foi relaxando e percebendo que havia alguma sintonia entre ele e as pessoas que o rodeavam.

Voltou à boate várias vezes, até que iniciou um romance homossexual com André que, se em alguns aspectos o deixava feliz, em outros o deixava simplesmente arrasado.

Depois de alguns meses, César decidiu terminar este relacionamento com André, pois não aguentava mais a pressão pelo medo de ser descoberto. E para eliminar de vez essa ocorrência em sua vida iniciou um namoro com uma moça. Ela era colega da faculdade, muito bonita e expansiva. As pessoas, inclusive sua família, achavam que eles formavam um casal perfeito por serem ambos muito bonitos.

— Que netos lindos vamos ter, hein mulher? – era o que José sempre falava quando os via juntos.

Finalmente o pai estava feliz com a masculinidade do filho.

— Não é qualquer homem que consegue uma mulher linda dessas. É coisa de um bom macho... – o pai vivia repetindo para todos.

Maria Cristina nunca sequer desconfiou das tendências homossexuais de seu namorado, já que César revelou-se bom amante. Ele, por sua vez, decidiu que aquele envolvimento do passado havia sido um grande erro e tentava abafar no fundo do peito todo e qualquer impulso. O único hábito era estar constantemente com sua irmã e seu grupo de dança.

Foi quando iniciou seu interesse por cenografia. Começou a estudar o assunto e passou a desenhar projetos para os diversos números de dança da companhia em que agora sua irmã trabalhava. Míriam vivia desconfiada que seu irmão não era tão feliz quanto dizia ser. Certo dia perguntou incisivamente:

— Maurício me disse ontem que um tal de André anda atrás de você. Quem é ele? Não me lembro de ter conhecido esse seu amigo. Aliás, não entendi a conversinha de "Cerca Lourenço" do Maurício. O que está rolando?

César desconversou e deixou o assunto morrer. Mas ficou extremamente abalado. Tinha saudade misturada com medo, e o sentimento de perda de identidade foram a tônica de meses seguidos.

Terminando o curso de Engenharia, e conseguindo um bom emprego em uma grande construtora, César evitou o constrangimento de trabalhar na oficina do pai, mas não conseguiu escapar do casamento. Aos 26 anos casou-se com Maria Cristina e, de início, seu casamento desenrolou-se na normalidade. Como ambos trabalhavam, logo conseguiram comprar um apartamento pequeno, porém, bem ajeitado. Aos poucos foram mobiliando cada cantinho.

Para todos César e Maria Cristina formavam o retrato do casamento feliz. Mas César passou a ter crises de melancolia e de retraimento cada vez mais frequentes, o que acabou chamando a atenção até de seus pais.

A esposa tentou, de início, fingir que não percebia o desinteresse de César por seus atrativos físicos. Comprou *lingeries* ousadas, preparava jantares à luz de velas, enfim, lutava com as armas que conhecia. Mas o marido pouco respondia a esses estímulos. Começou a voltar para casa mais tarde alegando estar envolvido em projetos muito importantes. E ficava mesmo no escritório, mergulhado em papéis, tentando ocultar no fundo de sua alma e coração os questionamentos que se fazia.

Até que certa noite, com quase um ano e meio de casamento, voltou àquela boate onde havia conhecido André. Não foi lá procurar por ele. Não houve um relacionamento amoroso muito profundo de ambas as partes. Mas, ele foi quase que para provar a si mesmo que não tinha mais nada em comum com aquele mundo *underground*[25], como ele mesmo classificava. Foi quando conheceu Nélio, apaixonou-se perdidamente e foi correspondido na mesma intensidade.

Iniciou-se, então, um verdadeiro calvário para César. De temperamento absolutamente correto, não conseguia administrar as duas vidas. Não conseguia enganar a esposa e, ao mesmo tempo, viver sem Nélio. A situação se arrastou durante meses seguidos. Maria Cristina tinha certeza de que o marido tinha uma amante e começou a cobrar um posicionamento de César. Este, certa noite chegou em casa e defrontou-se com a esposa em lágrimas.

— César, o que você fez comigo? O que você é? Quem é esse tal de Nélio? O que é isso, meu Deus? – gritava ela chorando muito.

Pego de surpresa César tentou negar, mas ao ver que sua esposa tinha muito mais informações do que ele podia imaginar acabou confessando seu envolvimento homossexual.

— Meu Deus, eu preferia que você tivesse me trocado por mil prostitutas lindas e gostosas. Ou então, por uma

---

25 A cultura *underground* ou cultura submundo é um ambiente cultural que foge dos padrões comerciais, dos modismos e que está fora da mídia.

única mulher que fosse mais inteligente, mais fogosa, mais tudo do que eu. Mas não. Você tinha que me humilhar até o fundo do poço. Podia ter esfregado na minha cara uma mulher, qualquer mulher. Não aceito ter sido trocada por um homem. Que nojo! E pensar que você também me tocava.

E assim terminou o casamento de César.

Ele nunca soube como Maria Cristina tinha tomado conhecimento desse seu relacionamento. Ela se negou terminantemente a revelar sua fonte de informações. Mas passou, minuciosamente, os detalhes do seu caso amoroso com Nélio para toda a família de César. Saber a verdade foi uma tragédia para todos, menos para Míriam. Ela estava acostumada com o universo dos homossexuais por ter verdadeiros amigos entre eles.

César mudou-se para o apartamento da irmã e tentou se ajustar à nova realidade de sua vida. Ela o aconselhou, na época, a procurar uma ajuda psicoterápica. Ele reagiu. Não achava que isso era necessário e não tinha a mínima intenção de se abrir com mais ninguém.

Seu pai o rejeitava ostensivamente, sem permitir que ele os visitasse. Chegou mesmo a cortar relações com a filha que, no seu entender, estava ajudando naquela safadeza.

Sua mãe pouco podia fazer a não ser chorar e dizer que não entendia os caminhos do filho. Sua irmã Marina, passado o choque inicial, aceitou o fato, mas como seu marido não aprovava o comportamento do cunhado preferia ficar a certa distância.

Passaram-se quase dois anos e, finalmente, César assumiu publicamente o relacionamento com Nélio e foram morar juntos. Por esse fato, César despediu-se do emprego e dedicou-se à área de produção de projetos de cenografia. Montou uma pequena firma de consultoria de produção de eventos, tendo Nélio como seu sócio.

Foi quando seu pai sofreu um sério enfarto e, já no hospital, mandou chamar o filho. César amava muito o pai. Completamente abalado, correu ao seu encontro. A única frase que seu pai lhe disse chorando mansamente foi:

— Por quê, meu filho? Por quê? Eu não entendo, mas te amo muito.

César não conseguiu falar nada. Só chorava baixinho e acariciava a mão daquele que lhe dera todas as noções de honradez, dignidade e retidão de caráter.

Dias depois José veio a falecer. César quase enlouqueceu de dor, mas no túmulo do pai prometeu a ele e a si mesmo entender tudo a seu respeito. Entender e, talvez, aceitar de vez que era homossexual.

Procedimento Terapêutico

Passados alguns meses, César chega finalmente a um consultório para cumprir o que havia prometido a seu pai e a si mesmo. Executados todos os passos preliminares para a técnica, estava pronto para o mergulho em seu mais profundo inconsciente. Somente sua incentivadora, a irmã Míriam, sabia que ele estava em tratamento psicoterápico.

Primeira Sessão (Núcleo Terapêutico)

Nessa sessão de regressão de memória, César vivenciou amplamente toda a sua primeira infância. Recordou-se de inúmeros momentos de alegria junto ao pai. Este é um pequeno trecho de um deles:

> **Paciente:** Estou agora me vendo no mar com meu pai. É isso mesmo. Míriam está jogando água em nós. Meu pai me agarra a mão porque eu não sei nadar ainda.
>
> **Terapeuta:** Muito bem. Você está numa praia com seu pai e sua irmã. O que aconteceu em seguida? Onde você está agora?
>
> **Paciente:** Estou brincando com meu pai e minha irmã na beira da água. É fim de tarde. Ah! Já sei. Estamos de férias em Bertioga.
>
> **Terapeuta:** E o que acontece de significativo nessas férias para que você tenha escolhido essa recordação?
>
> **Paciente:** (Alguns minutos de silêncio.) Nada de especial. Só sei que foram férias muito gostosas. Que saudades! (O paciente deixa correr algumas lágrimas pelos cantos dos olhos.)
>
> **Terapeuta:** (Após alguns segundos.) O que você gostaria de acrescentar?
>
> **Paciente:** (Suspira e permanece em silêncio. Sorri.)

Terapeuta: Prossiga, então para o próximo evento importante para você.

Paciente: Estou em uma festa de aniversário. É meu aniversário. Estou com 6 anos. Estou feliz. Ganhei uma bicicleta do meu pai. É linda.

Terapeuta: Por hoje podemos parar por aqui. Você reviveu muitos momentos felizes junto de seu pai e de sua família. Que conclusão você tira dessa experiência?

Paciente: (Silêncio por alguns instantes.) O que eu posso sentir é que meu pai sempre me amou, mesmo quando ele não quis mais falar comigo. Foi bom poder recordar agora tudo o que vivemos juntos. Eu também nunca deixei de amá-lo. Hoje isso ficou claro para mim. Mesmo quando eu o odiei, ou pensei que o odiava, por ele não me aceitar como eu sou. Eu acho que eu o perdoei. Livrei-me disso.

Terapeuta: Você o perdoou. Muito bem. E a respeito de você, o que tem a acrescentar?

Paciente: A meu respeito?... Ah! Estou sacando o que você quis dizer. Eu também me perdoo por tudo o que eu senti de ódio contra ele. Eu o perdoei. E me perdoei. Que alívio.

Terapia de Apoio — Síntese

Feito o Retorno para o presente, com semblante calmo e sorridente, César confirmou que realmente toda aquela mágoa que havia em seu peito havia desaparecido. "Parece que tirou com a mão". Mas declarou-se ainda confuso porque não havia descoberto nenhuma razão para sua homossexualidade.

— César, não vá com tanta sede ao pote. O processo de autoconhecimento não é mágico. Aos poucos você entrará em sintonia com todas as suas memórias que são relevantes para esse crescimento. Hoje era mais importante para você se perdoar e se sentir amado por seu pai. Colocando de lado a culpa, haverá maior chance de chegarmos ao núcleo verdadeiro de seu eu. Seu inconsciente sempre irá liberar as lembranças que foram úteis para você. Confie nisso.

Essas foram as palavras da terapeuta.

Na segunda e terceira sessões César quis ainda discutir a experiência vivida na primeira. A catarse[26] provocada por ela foi de grande valia para ele.

Quarta Sessão (Núcleo Terapêutico)

Paciente: (Começa a suar muito. Fica ofegante.) Estou em uma batalha... Pelo menos parece uma... Não consigo perceber direito. As imagens estão meio desfocadas... (Silêncio.)

Terapeuta: Você está em uma batalha. As imagens podem ficar mais nítidas se você olhar primeiro para seus

---

26 Significa purificação ou purgação. Segundo Aristóteles, a catarse refere-se à purificação das almas por meio de uma descarga emocional provocada por um trauma.

pés. O que você vê? Descreva o que você vê, sente ou percebe de alguma forma.

Paciente: Eu estou de pé. No meio da batalha. Estou afundando na lama. Sou grandalhão e muito feio. Eu sei que sou feio porque tenho uma grande cicatriz no rosto. Tenho um escudo. Isso mesmo, um escudo no braço esquerdo e, parece que uma espada. É uma espada na mão direita. Estamos lutando em campo aberto. Não sei onde estão todos. Mataram, mataram o menino. Mataram. (Silêncio.)

Terapeuta: Onde ocorreu essa batalha? Descreva mais o que você está vendo, sentindo, intuindo.

Paciente: Não sei. Só sei que mataram meu menino. Meu ajudante de ordem. (Franze o cenho e deixa escorrer uma lágrima.) Não vou chorar, vou é matar toda essa corja. Os meus companheiros fugiram. Covardes! Eu estou aqui sozinho. Que pena que ele morreu, era um bom guerreiro. Também estou ferido. Tenho um ferimento profundo no ombro esquerdo. Sangra. Dói. (Silêncio.)

Terapeuta: E o que acontece agora? O que acontece com você? O que você é? Um, dois, três. O que lhe vem à mente?

Paciente: Sou um soldado. Mas acho que sou mercenário. É que eu não tenho a mesma roupa. Minha roupa não é igual. O meu menino também não se veste como eles. E ele está morto. Tão menino, coitado.

Terapeuta: Quem é esse menino? Qual é a relação que existe entre vocês? Algum parentesco?

Paciente: Não, lógico que não. Ele era meu ajudante no campo de batalha. Eu gostava muito dele. Desgraçados, estriparam-no. Mas vou me vingar. (Começa a chorar baixinho.) Nós éramos muito unidos. Nós éramos amantes.

Terapeuta: Você é um soldado que está no meio de uma batalha e ferido gravemente. Vê que seu menino, seu amante está morto. Prossiga na cena. O que acontece agora?

Paciente: Estou no meio de uma clareira. Está muito escuro. Meu ombro já está curado. Estou voltando para casa. Mas estou com muito medo. Eles podem vir me pegar.

Terapeuta: Quem pode vir pegar você? Onde você está? Contra quem é a luta? Um, dois, três. O que lhe vem à mente?

Paciente: (Longo silêncio.) Estou na Europa. França talvez. Não. Acho que é Itália. É Itália. Estou fugindo dos Cruzados, acho. Eu preciso ir para casa. Só lá vou poder descansar. Minhas filhas, eu estou com saudades delas. Elas são lindas. Tenho duas filhas. São pequenas ainda. Estou com saudades da minha mulher.

Terapeuta: Você tem mulher e duas filhas. Está com saudades delas. Muito bem. E aquele menino, o seu menino, como o chamou, o que aconteceu?

Paciente: O menino? Ele já tinha 16 anos. Eu o enterrei lá. Que mais eu poderia fazer? Depois eu fugi. É isso mesmo, fugi.

Terapeuta: Sua mulher sabe do seu envolvimento com esse menino? Um, dois, três. O que lhe vem à mente?

Paciente: Não, lógico que não. Isso são coisas de homem. Coisas de guerra.

Terapeuta: Adiante-se um pouco no tempo e veja o que acontece.

Paciente: Estou velho agora e muito doente. Acho mesmo que estou morrendo. Olha! Estou fora do meu corpo. Estou me olhando de cima. (Silêncio.)

Terapeuta: Descreva a cena.

Paciente: O quarto é muito pequeno e escuro. Tem umas velas acesas. Tem uma mulher chorando. É minha filha mais velha. Coitada! Ela gosta de mim. Eu também a amo muito.

Terapeuta: Você a conhece nesta vida?

Paciente: Não sei. Mas parece com a Míriam, minha irmã.

Terapeuta: E sua mulher? E sua outra filha?

Paciente: Minha mulher morreu há muito tempo. Minha caçula, acho que se casou, não sei.

Terapeuta: E a respeito dos seus relacionamentos homossexuais, o que você tem a acrescentar?

Paciente: Quando fui soldado, tive mais alguns. Mas não eram relacionamentos importantes.

Terapeuta: Há alguma conexão entre esse episódio recordado e sua vida atual? Há alguma lição que você pode trazer para seu dia a dia?

Paciente: Conexão? Não. Não percebo nenhuma.

Terapeuta: Qual foi seu último pensamento nessa sua vida como soldado?

Paciente: Não sei. Acho que... Não pensei nada. (Silêncio.) Mas agora eu estou em outro lugar diferente. Estou em uma espécie de sala escura, estou sentado numa mesa. O tampo é de madeira muito escura. Tem um candelabro com três velas que a cera escorre pela mesa. Eu escrevo em um livro. Está tão escuro. (Silêncio prolongado.)

Terapeuta: Esclareça para mim. Você está à mesa em uma sala escura, copiando alguma coisa em um livro. Esta recordação é de sua vida como soldado? Você está recordando alguma cena da mesma vida passada?

Paciente: Não. Claro que não. Não tem nada a ver. Eu me vejo melhor agora. Parece que sou uma espécie de monge, sei lá. Estou só. Estou muito cansado.

Terapeuta: Você está afirmando que está regredindo a outra vida, com outras experiências. Descreva um pouco a cena recordada. Onde você está?

Paciente: É verdade. Estou nessa sala. Está escuro lá fora, faz muito frio. Neva lá fora e eu escrevo com uma espécie de caneta de pena. Sabe dessas que se molham no tinteiro? É tarde e eu estou cansado.

Terapeuta: E o que acontece? Prossiga na cena.

Paciente: Agora estou lá fora. É dia, mas nevou muito. Eu moro em um mosteiro mas não sou monge, eu só vivo aqui.

Terapeuta: Você está em um mosteiro, mas não é monge. Você copia livros, é um escriba. Onde é esse lugar em que você está? Descreva um pouco mais como você é.

Paciente: Eu acho que é na Itália. De novo? Acho que é. Sou um homem velho, muito magro. Acho que me sinto doente e cansado. Estou aqui porque minha família toda morreu. Foi a peste. Perdi todos, só eu fiquei. Foi castigo. Irmão Ângelo disse que eu mereci isso e eu também acho. Meus filhos, minha mulher, todos mortos. (Paciente franze o rosto e fica em silêncio.)

Terapeuta: Você perdeu toda a sua família e foi morar nesse mosteiro. O que o leva a pensar que todos morreram por sua causa? Um, dois, três. O que lhe vem à mente?

Paciente: É porque tive muitas amantes. Eu tive muitas mulheres e também alguns rapazes. Um foi muito especial. É por isso que estou pagando. Eu fui muito pecador. Só pensava em sexo e, por causa disso, minha família morreu. E agora vou morrer e vou para o inferno. Eu mereço. Minha família morreu porque eu estava longe, no meio da mulherada. Elas não prestam. Sempre querem mais e mais. Nunca mais vou querer saber de sexo. Mulheres sugam sua alma.

Terapeuta: Prossiga no tempo e vá até o momento mais significativo de sua existência.

Paciente: Estou morrendo. Até que enfim! Acabou mesmo. Não quero saber de mais nada. Estou muito cansado.

Terapeuta: Você está cansado por causa desse episódio revivido ou está cansado por causa desta sessão?

Paciente: Os dois. Chega.

Terapeuta: Você pode perceber se há conexão entre essas suas memórias e a vida atual?

Paciente: Sim, mas eu quero discutir isso depois.

Terapeuta: Só mais uma questão. Você acha que chegou ao ponto originário de seu problema? Pergunte ao seu inconsciente.

Paciente: (Alguns segundos de silêncio.) Não. Ainda não.

Terapia de Apoio — Síntese

César, já bem-disposto após o término do Retorno, afirmou que percebia pontos de conexão, a ponte de ligação entre suas lembranças de vidas passadas e os acontecimentos de sua vida atual. Eis aqui as conclusões elaboradas por ele:

- Como soldado mercenário possuía vida sexual dupla, mas nenhuma culpa em relação a isso. Viveu uma vida comum. Ele afirmou que tinha certeza, sem saber como que nem sua mulher, nem suas filhas, sabiam de seus envolvimentos homossexuais. Mas eram relacionamentos sem importância. Morreu sem crises e sem culpa.
- Como velho no mosteiro, a culpa já era grande. A sensação de que as mulheres são sugadoras, que sempre

querem mais e que são perigosas o acompanha até hoje. Mesmo em relação à Maria Cristina, ele sempre se sentiu assim. E a sensação de culpa ao fazer sexo com mulheres sempre o acompanhava.

- Se em duas vidas seguidas ele foi bissexual, era claro que para ele seria natural ser bissexual nesta vida também.

— E a culpa que sente também é normal? Não acha que o que você vive é resultante de um comportamento aprendido através dos tempos? Como e por que esse comportamento se originou? No meu entender não chegamos ao ponto inicial dessa sua bissexualidade. Nas duas vivências aqui relembradas a homossexualidade já estava estabelecida. O que originou esse impulso? Quando ele foi estabelecido? — ponderou a terapeuta.

César absorveu essas questões e as levou consigo para elaborá-las durante a semana seguinte.

Quinta Sessão (Núcleo Terapêutico)

Paciente: Estou sufocando! (Paciente pigarreia, tosse e tenta limpar a garganta.) Que calor! Quanta areia! Tem muita areia. (Silêncio.) Estamos andando em um deserto, eu acho. Estou amarrado por uma das pernas. Pela esquerda. Junto a uma fila de homens. Somos todos escravos. (Silêncio prolongado.)

Terapeuta: Você está andando no meio de muita areia, junto a uma fila de homens escravos. O que ocorre agora?

Paciente: Está anoitecendo. Estamos parando e temos que descarregar esses malditos camelos fedorentos. São malditos, se eles cismam, urinam em cima de você. (Silêncio.) Um homem está falando comigo, não consigo perceber o que está dizendo. (Silêncio.) Ah! Está dizendo que fui escolhido para trabalhar no palácio. (Sorrindo em silêncio.) É uma sorte muito grande. Vou sair daqui desse inferno. Que sorte! (Silêncio. Em seguida, o paciente começa a suar profusamente, contorcendo-se e gemendo.)

Terapeuta: O que acontece agora?

Paciente: Oh! Que horror! Fui castrado. Eu. Fui. Castrado! (Paciente chora intensamente.) Quanto sangue! Quanto sangue!

Terapeuta: Acalme-se. O que você está vendo faz parte do seu passado. Mas é necessário que você vivencie completa e integralmente esse momento. O que está acontecendo agora?

Paciente: Estou deitado, ainda dói muito. Por quê? Por que ela me escolheu? Por quê?

Terapeuta: Quem é ela? Onde você está agora?

Paciente: (Mais calmo.) Estou em um quarto. Parece mais um quartinho. É no palácio. Ela é a esposa mais nova dele, do príncipe. Eu fui escolhido para ser mais um eunuco do harém. Eu. Ela está dizendo que eu sou bonito. Por isso me escolheu.

Terapeuta: Avance um pouco mais na cena. O que acontece agora?

Paciente: Estou ricamente vestido. Sou o chefe dos eunucos. Foi ela que conseguiu esse cargo para mim. Mas eu a odeio. Ela gosta de me provocar. Passa a mão em mim sempre que pode. Mas eu me calo porque posso morrer se contar para o príncipe. Ele gosta de mim. Confia em mim. Ela não presta. Só se diverte quando me atormenta. Eu a odeio muito, mas me calo porque tenho muita influência aqui dentro. Tenho poder.

Terapeuta: Você tem poder em relação a quem ou sobre o quê?

Paciente: Sobre muitas coisas. O príncipe me ouve. E os outros me bajulam por causa disso.

Terapeuta: Você tem alguma relação mais profunda com esse príncipe? Você tem uma espécie de relação sexual com alguém?

Paciente: De jeito nenhum. Eu o respeito muito o príncipe. Eu gosto dele, mas não do jeito que você pensa. Aliás, eu não... Eu acho que... Não, não tenho relacionamento sexual com ninguém. É melhor assim. Prefiro o poder. Sou meio homem por causa dela. Mas só no físico.

Terapeuta: Adiante-se no tempo. Vá até um momento significativo dessa sua existência.

Paciente: Estou no harém. Ela vai ter um filho. Está passando muito mal. Não consegue expulsar a criança.

(Paciente fica com a fisionomia muito carregada.) Que morra! Que morra! Eu a odeio. (Silêncio. Em seguida passa a chorar convulsivamente.) Ela morreu... Ela morreu. Eu a odiava... Não! Não é verdade. Oh! Meu Deus, eu a amava. Mas ela não merecia. Não merecia!

Terapeuta: Você a amava. O que o levou a amá-la? Você a conhece nesta vida?

Paciente: Ela era linda. Dizia que havia me escolhido porque eu era muito bonito de corpo e, já que não podia escolher o marido, escolheu a mim para ser seu guarda pessoal. Mas ela era má porque vivia me provocando. E eu não podia. Você sabe o que eu não podia. Mas apesar dessas maldades eu a amava. E acho também que ela gostava muito de mim porque sempre me ajudou a crescer no palácio. Mas também a odiava. Aliás, eu acho que as mulheres não são nem um pouco confiáveis. São conflitantes. (Silêncio.) Estou cansado. Quero...

Terapeuta. Você a ama e a odeia. Você acha que chegou ao ponto inicial de seus conflitos e ambivalências? Pergunte ao seu inconsciente.

Paciente: É. Acho que sim. Eu não... apesar do poder que eu tenho, não sou feliz. Não consigo mais amar ninguém. Só a ela. Não entendo as mulheres e não quero mais entender. Agora estou morrendo. Sou bem velho. Estou sozinho. Mas tem alguém aqui. É um dos eunucos. Ele segura minha mão. Gosto dele como de um filho. Eu não pude ter meus filhos por causa dela. Maldita! Mas ela também não pôde. Estou cansado, muito cansado. (Silêncio prolongado.)

Terapeuta: E o que acontece agora?

Paciente: Nada. Sei que morri, mas não vejo mais nada. Acabou.

Terapeuta: Você morreu sentindo mágoa e ódio por aquela mulher? Você a conhece nesta vida? Pergunte ao seu inconsciente.

Paciente: Não. Não sei quem poderia ser. O que me incomoda é essa sensação de dor e ódio quando me lembro dela. Não gosto disso. Não sou assim. É muito ódio.

Terapeuta: Você gostaria de modificar esse seu sentimento em relação a essa mulher? Você gostaria de perdoá-la?

Paciente: Perdoar? (Suspiro.) É difícil isso, bem difícil mesmo. (Silêncio). Mas, por que não? Acho até que ela deve ter sido mais infeliz do que eu. Foi casada contra a vontade, isso é bem claro para mim agora, e talvez até gostasse um pouco de mim. Não sei. E morreu tão moça. Mas como posso perdoá-la? Isso aconteceu há tanto tempo. Ah! Já sei. Eu a perdoo pelo grande mal que me fez. Também me perdoo pelo ódio que senti. Pelo menos vou tentar.

Terapeuta: É importante você se livrar desse sentimento. Só assim poderá prosseguir sua vida atual. Você afirmou aqui que esse sentimento lhe faz mal, que não gosta de sentir ódio. Descarte esse ódio.

Paciente: (Emocionado, deixa correr algumas lágrimas.) Eu a perdoo. Isso, acabou. (Silêncio.) Estou mais leve. Estou também muito cansado. Chega.

Terapia de Apoio — Síntese

César permaneceu longo tempo calado após o Retorno. Estava nitidamente absorvendo e avaliando toda a experiência que havia passado.

— Tenho certeza de que esse fato provocou em mim toda essa ambivalência de sentimentos e de impulsos. Eu continuo ainda desconfiado em relação às mulheres. Não consigo confiar. Nélio é um companheiro bom. Eu confio nele. Sei que dificilmente ele me fará algum mal. A paz de espírito que eu sinto com ele é intensa. Com minha mulher eu vivia esperando que alguma coisa de ruim acontecesse. Vivia em estado de alerta. Agora entendo por quê. Coitada, não tinha nada a ver com tudo isso. Eu a magoei muito. Espero que um dia ela me perdoe.

— E quais são as diretrizes que você vai traçar para a sua vida a partir de hoje? – perguntou a terapeuta.

— No momento nenhuma. Vou continuar meu relacionamento com Nélio. Eu o amo. Eu confio nele. Eu agora me entendo. Pela primeira vez em minha vida eu consigo compreender o que se passa pela minha alma e porque é assim. Pela primeira vez na minha vida não sinto necessidade de justificativas. Isso é muito bom. Ainda estou muito atordoado com tudo que recordei hoje. Preciso de um tempo. Agora é tocar a vida, em paz.

Última Sessão (Alta Terapêutica)

César retornou para mais uma sessão, para fechamento da psicoterapia. Afirmou que estava bem mais calmo, inclusive no seu lado profissional. O escritório estava com muito serviço e estava conseguindo focar nos projetos com muita disposição. Sentia-se bem-disposto e confiante.

Ao lhe perguntar sobre quais eram as diretrizes que agora norteavam seu panorama afetivo, já que estava me parecendo tão seguro e tranquilo, César sorrindo meio maroto acrescentou:

— O futuro, doutora, a Deus pertence!

ESTUDO DE CASO 2

ROBERTO

Nome: Roberto

Idade: 26 anos

Profissão: Fotógrafo

Sexo: Masculino

Observações: O paciente qualifica-se como fotógrafo, apesar de não ter feito nenhum curso regular. Estudou até o segundo grau e não pensa em continuar seus estudos. Extremamente introvertido e desconfiado, apresentou sua queixa: "Quero saber se sou ou não homossexual."

Constelação Familiar

Três pessoas: Mãe e dois filhos. O paciente é o segundo filho. O irmão é 3 anos mais velho.

Pai

Nome: Januário

Idade: Não há certeza.

Dados: O paciente não teve nenhum contato com o pai que abandonou a mãe logo após seu nascimento.

Mãe

Nome: Maria do Carmo

Idade: 48 anos

Dados: Dona de casa e vendedora de produtos cosméticos em domicílio. Após o casamento desfeito nunca mais se envolveu afetivamente com homem nenhum. Aceita e até estimula a homossexualidade de seus dois filhos. O paciente, atualmente, questiona a postura materna.

Irmão mais velho

Nome: Rogério

Idade: 29 anos

Dados: Fotógrafo profissional produz books para aspirantes a modelo profissional, faz cobertura fotográfica em casamentos e festas. Homossexual assumidíssimo, gosta muito do que faz e não tem nenhum problema com sua preferência sexual (ótica do paciente). Atualmente mora na França com seu namorado Serge.

Histórico

Maria do Carmo olha-se no espelho e chora. Aos 29 anos, mãe de dois filhos, sente-se imensamente infeliz. O marido, alcoólatra, acaba de lhe esmurrar o rosto e, gritando muito, bate a porta e sai de casa.

Os olhos inchados de chorar e o rosto muito machucado fazem que ela tomar a decisão de ir embora. Abandonar tudo. Mas como fazer isso? Ir para onde? Seus pais já eram falecidos. Sua irmã morava no Piauí.

Abraçando do recém-nascido tenta dar-lhe de mamar. Mas não consegue. O seu leite secou. Desesperada, procura a vizinha de apartamento que a acolhe e a conforta.

Meses se passam. Maria do Carmo fica sabendo por um conhecido que o marido, Januário, tinha ido embora de São Paulo amasiado com uma garota de 16 anos. Nunca mais o viu ou soube dele.

Para sustentar os filhos, fazia faxina em residências. Porém era muito esforçada e aprendeu o ofício de manicure com uma amiga que trabalhava em um salão de beleza. Esta amiga, que também vendia produtos de beleza para uma pequena empresa de cosméticos de São Paulo, indicou o nome de Maria do Carmo para que ela se tornasse promotora desses produtos também. Assim, a receita da família foi reforçada.

Maria trazia os produtos de beleza para casa e vivia pintando o rosto e as unhas de seus meninos com as amostras que recebia.

— Eu queria ter duas meninas e não esses moleques. Era bem melhor mesmo que fossem meninas. Homem não presta. Não conheço nenhum que preste, não é Luíza?

A amiga sorrindo senta-se ao seu lado no sofá e a abraça. Roberto, sentado no tapete, ergue a cabeça e fica olhando aquela "tia" nova que agora estava morando com eles. Menino irrequieto, por volta de seus 5 anos de idade, não apreciava quando apareciam essas novas amigas de sua mãe. Ele sentia ciúmes delas. Não tinha a atenção que queria. Sentia-se rejeitado. Perdia a atenção da mãe.

Ele sabia como agradá-la e chamar sua atenção. Roberto corria ao banheiro, colocava uma peruca velha, lambuzava-se de batom e vinha para a sala soltando gritinhos e rebolando. Invariavelmente sua mãe ria, o pegava no colo e o beijava muito.

Seu irmão sabia fazer melhor. Rogério calçava os saltos altos de sua mãe e, amarrando algum pano na cintura, fingia ser uma linda garota em desfile. Também gostava de se pintar e sabia colocar brincos com maestria, o que causava muita inveja em Roberto.

Maria do Carmo sempre ria muito e não foram poucas às vezes em que chamava as vizinhas para darem uma olhada nas suas "filhotinhas". Dona Ester, uma velha amiga e mãe de dois garotinhos quase da mesma idade, também ria. No entanto, dizia que Maria do Carmo não deveria deixar que os meninos fizessem isso.

— Bobagem Ester, isso é coisa de criança. E vai me dizer que eles não ficam lindos? Eu adoro quando eles fazem essas brincadeiras!
— É, mas eles vão se acostumando e acabam virando viados. O Siqueira não gosta muito disso, principalmente quando eles ficam fazendo essas brincadeiras junto com meus meninos – retruca Ester.

— Seu marido é um machão idiota! Não vejo nada demais na brincadeira dos meninos. E se eles virarem bicha não vou poder fazer nada. Aliás, não vejo vantagem nenhuma se eles se tornarem machões estúpidos que nem o maldito pai deles. Eu até tenho um amigo bicha que é um amor de pessoa. Educado, gentil, não vejo nada de mais em ele ser assim! – acrescenta Maria do Carmo.

Roberto cresceu assim, no meio de muitas mulheres, rodeado de apetrechos femininos. Por volta dos 6 anos de idade, recém-admitido na pré-escola, pela primeira vez percebeu que era alvo de chacota dos colegas e entendeu que seu comportamento e seus modos eram diferentes dos meninos da escola. Tímido e inseguro, não tinha o conforto da presença materna e nem a do irmão, já que este, mais velho, estudava em outra escola municipal.

Seus coleguinhas viviam a puxar seus cabelos longos que a mãe arrumava em um rabo-de-cavalo. Dizia ela que seus cabelos eram muito lindos e, por isso, não iria cortá-los. E que era assim que estava na moda. Roberto aceitava a ideia já que seu irmão também usava cabelo comprido e rabo-de-cavalo. E ele via que muitos artistas na televisão usavam o mesmo estilo de cabelo. Porém não gostava de ser diferente da maioria dos colegas.

Não era apenas o cabelo que dava motivo às brincadeiras de mau gosto. Sua forma de andar rebolando era o que mais chamava atenção. Muito magro e alto, com as pernas bem fininhas, diziam que era "um verdadeiro bambi sacudindo o rabinho". Daí para chegar a bambi viadinho foi um passo.

Ele ainda não entendia bem a extensão da brincadeira. Só percebia que, de maneira nenhuma, ele era igual aos outros meninos. Detestava jogar futebol. Sempre ficava com as canelas roxas de tantos pontapés que levava dos colegas. Detestava ficar suado e sujo na areia do campinho. Mas amava nadar.

Maria do Carmo gostaria de poder pagar para ele uma escola de natação, que ficava ao lado do prédio, mas o orçamento sempre apertado não lhe permitia um luxo desses.

A dona da escola de natação, Ivete, afeiçoou-se ao menino, pois todas as manhãs ele ficava na porta do estabelecimento olhando a entrada dos alunos. Percebia em seu olhar um brilho de desejo e de decepção por não fazer parte daquele mundo que, afinal, era proibido para ele.

Certo dia, pediu a Roberto que fosse chamar sua mãe. O menino ficou olhando interrogativamente para ela:

— Mas eu não fiz nada, só estava aqui parado olhando!

— Eu sei disso. Como é seu nome?

— Roberto. Por que a senhora quer falar com minha mãe? Eu não fiz nada, juro.

— Você sabe nadar, Roberto? Eu vejo você aqui na entrada, mas nunca o vi em nenhuma aula. Por quê?

— É que a gente não tem dinheiro para isso. Minha mãe disse que qualquer dia me põe aqui para nadar. Mas agora não dá.

— Então vá chamar sua mamãe. Quem sabe nós não podemos resolver isso. Vá, vá logo. Estou lá dentro esperando por vocês.

Roberto, sem entender muito a intenção daquela moça, começou a correr em direção ao apartamento. De repente parou e, virando-se para ela, que o seguia com o olhar, perguntou:

— Como é o nome da senhora mesmo?

— Ivete, professora Ivete. Estou esperando. Vá logo!

O menino subiu os três lances de escada até chegar em casa sem tomar fôlego.

— Mãe, a dona Ivete disse que quer falar com a senhora.

Maria de Carmo, que estava fazendo faxina no apartamento, suada e desgrenhada, olhou para o filho que, sem ar, olhava para ela com excitação.

— Quem é essa dona Ivete, menino? Por que você está assim? O que andou aprontando?

— Não fiz nada, mãe. Juro! Eu estava lá na calçada da escola de natação e ela veio falar comigo. Depois me mandou te chamar.

— Só isso? Tem certeza de que você não fez nada mesmo? Olha lá, menino! Não estou aqui para receber reclamação dos outros por causa de molecagem de filho meu, hein!?

— Não, mãe, eu não fiz nada mesmo. Ela só me perguntou por que eu não ia às aulas de natação e eu disse que era porque a gente não tinha dinheiro. Aí ela me mandou te chamar.

— E o que ela quer comigo? Não tenho um tostão furado. Que será que ela quer comigo? Será que é uma nova freguesa? Será que ela quer comprar meus produtos?

Maria do Carmo arrancou o lenço da cabeça e foi trocar de roupa.

Poucos minutos depois Roberto e sua mãe apresentaram-se na escola de natação e foram recebidos por Ivete.

— Eu tenho visto seu menino todos os dias aqui, na porta da entrada da academia. Ele me dá a sensação que tem vontade de estar aqui dentro. Estou errada? – pergunta Ivete.

— É verdade, sim senhora. Faz tempo que ele me pede para vir nadar aqui, mas não posso pagar. Não tenho como, sou sozinha. O pai deles, o maldito, foi embora assim que esse aqui nasceu. Roberto nunca viu o pai. Mas é melhor assim. Aquele lá só ia dar mau exemplo para os meus meninos. É que eu tenho um mais velho. É o Rogério, que agora está na escola. Ele estuda na parte da manhã.

— A senhora então tem outro menino? Não sabia disso. Eu acho que nunca o vi. Como é mesmo o nome dele? Que idade ele tem? – acrescenta Ivete.

— É Rogério. Vai fazer 10 anos e este aqui vai fazer 7 – esclarece a mãe.

— E o Rogério também gosta de nadar?

— Não. Ele tem horror a água. Quando a gente vai à praia, lá em Itanhaém, ele morre de medo. Já este aqui me dá um trabalho danado porque fica entrando no mar o tempo todo.

— Bem, eu chamei a senhora aqui porque tenho percebido que Roberto tem vontade de estar aqui dentro, conosco, aprendendo a nadar. Eu tenho também dois meninos e um deles da mesma idade, e entendo o olhar das crianças. Já sei que a senhora não pode pagar, ele mesmo me disse isso. Mas eu gostaria de oferecer seis meses de aulas grátis para ele. Gostaria que, pelo menos, ele aprendesse o básico – informa Ivete.

— Mas, por que a senhora faria isso, dona Ivete? – pergunta a mãe muito surpresa.

— Não sei dizer por que agora. Mas sinto que não vou me arrepender. Às vezes, faço coisas assim, no impulso, mas não costumo me enganar. A senhora permitiria que ele frequentasse as aulas aqui comigo? Você gostaria de vir aprender a nadar aqui, Roberto?

Roberto olhava para a mãe com ansiedade. Seu coração batia disparado. Maria do Carmo, entre espantada e desconfiada, dispara:

— Olha dona Ivete, eu até que gostaria, mas já lhe disse que não posso pagar. Eu não gosto que meus filhos se acostumem com o que eu não posso dar para eles. A vida está muito difícil. Eu faço faxinas, vendo produtos de maquiagem, tenho algumas freguesas para as quais faço manicure, mas é só. E, a senhora sabe, hoje o dinheiro entra, amanhã não.

— Mas eu estou lhe dizendo que não vou cobrar nada! – insiste Ivete.

— É que depois ele se acostuma a vir aqui, e quando acabarem os seis meses vai querer continuar e eu não vou poder pagar.

Ivete cala-se por um tempo, pensativa. Em seguida, olhando carinhosamente para Roberto, propõe:

— Vamos fazer o seguinte: Roberto faz o curso aqui durante esses seis meses. Se ele for bem nas aulas, se não faltar, se tiver um bom desempenho eu prometo dar a ele mais seis meses. O que você acha Maria do Carmo?

A mãe, olhando para o menino, que pendurado em seu pescoço sussurrava em seu ouvido pedidos e promessas, falou:

— Fica quieto menino. Estou falando com a dona Ivete!

E dirigindo-se à diretora da academia de natação acrescentou:

— Eu tenho medo de que não dê certo. E se o irmão dele também quiser vir, como é que eu faço? Eu não vou poder pagar e aí o caldo vai engrossar. Não. Eu acho melhor ficar como está. Quando eu puder pagar as aulas para os dois, então o Roberto vem aprender a nadar aqui.

— Mas você não disse que o irmão do Roberto tem pavor de água? Será que ele vai achar ruim? E depois, se ele quiser mesmo aprender a nadar nós podemos dar um jeito. Você não disse que faz faxinas? Então, quem sabe nós possamos arranjar alguma limpeza para ser feita aqui. Assim, você pagaria o curso do Rogério. O que acha?

Maria do Carmo, ainda constrangida, olha para seu caçula e, abraçando-o, abaixa a cabeça refletindo.

— Vamos Maria do Carmo, deixe o menino aprender a nadar aqui conosco. Você não vai se arrepender! – insiste Ivete.

— É que eu não entendo. E se o Rogério quiser vir, a senhora arranja mesmo uma faxina para eu poder pagar as aulas para ele?

— Com certeza. Não tenha medo. Tudo nesta vida tem solução. Se o Rogério também quiser vir para cá nós duas resolvemos a questão. E então, o que você decide?

— Então está bem. Eu deixo o Roberto vir para cá. E agradeço muito esse presente, apesar de não ter entendido ainda porque a senhora quer dar isso para ele – responde a mãe.

E então, começa para Roberto uma nova vida. Seu irmão Rogério não quis saber de aprender a nadar. Maria do Carmo, entretanto, encontrou em Ivete uma freguesa constante nas compras de seus cosméticos. E o mais surpreendente, Ivete tornou-se uma amiga confidente, sempre disposta a escutá-la e apoiá-la em todas as horas.

Roberto ia radiante para sua aula de natação. Lá ninguém conseguia magoá-lo. A primeira medida que tomou foi implorar para a mãe cortar seu cabelo. Não queria mais usar rabo-de-cavalo. A princípio Maria do Carmo resistiu. Achava que era moderno e que não via motivos para que ele cortasse o cabelo. Mas o menino pedia, reclamava, chorava:

— Mas o professor disse que eu fico parecendo uma menininha. Que se eu quiser ser campeão vou ter que raspar a cabeça.

— Já disse que isso é bobagem. E antes você fosse mesmo uma menina. Bem que eu gostaria.

— Eu também acho mãe. É por isso que eu não quero saber de natação. Nunca que eu ia cortar meu cabelo. Eles têm inveja da gente. Eu me sinto lindérrimo! – retruca Rogério levantando-se do sofá e sacudindo os ombros e a cabeça.

Roberto ficou olhando para o irmão mais velho de forma questionadora. Amava demais o irmão, mas, pela primeira vez, discordava dele.

Anos se passaram. Enquanto Roberto colecionava prêmios na academia de natação, ia mal na escola. Não conseguia tornar-se amigo de seus colegas. Eles continuavam a chamá-lo de bambi viadinho e outros tantos apelidos.

Durante esses anos todos, Roberto conseguiu apenas um amigo. Seu nome era Silas. De origem germânica, com dificuldades em entender português, loirinho de olhos verdes, o menino também passou a ser questionado em sua masculinidade. Como não entendia direito o idioma, não se preocupava. E, por ser naturalmente solitário, procurava Roberto durante o recreio para brincar. Tornaram-se muito amigos, mas Silas voltou com os pais para a Alemanha e Roberto ficou só novamente.

Terminada a quarta série, a mãe conseguiu mudá-lo finalmente para a mesma escola que Rogério frequentava. Para Roberto foi um alívio e felicidade estar junto do irmão que, de certo modo, tinha imposto seu jeito afeminado de ser, depilado e com cabelos tingidos. Também lhe dirigiam gracinhas, mas não conseguiam tirá-lo do sério.

— Sou bichinha, querido? Então passa lá em casa à noite, que podemos entrar em acordo. Vai lá que você vai adorar, gostosão! – retrucava Rogério rindo provocativamente.

Roberto ficava encabulado, mas, com o tempo, passou a usar as mesmas armas do irmão.

Transformou-se em um adolescente com um belo corpo por causa da natação. Músculos delineados, fôlego excelente. Conseguiu várias medalhas em competições por todo interior de São Paulo. Passou a viajar com a academia e conseguiu estreitar a amizade com João Paulo, um colega seu da academia.

Ivete, que agora ele chamava carinhosamente de fada madrinha, sentia-se extremamente orgulhosa.

— Eu não tinha razão? Parece que estava adivinhando. E quase que você não o deixa vir aprender natação, não é? – brincava Ivete com a amiga Maria do Carmo.

Roberto, pela segunda vez em sua vida, podia dizer que tinha um amigo. João Paulo passou a frequentar a casa dele. Rogério, que já estava com 18 anos, passa a ficar em casa toda vez que sabe que o amigo do irmão vai estar lá.

Roberto nunca saía com seu irmão e sua turma, pois estava sempre envolvido em treinos e competições, enquanto Rogério gostava de voltar altas horas da madrugada.

Maria do Carmo ficava aflita, mas não conseguia brigar com o filho. Sabia que era inútil. Rogério tinha um gênio forte e decidido. Além disso, era extremamente carinhoso e a envolvia em beijos e abraços toda vez que ela ameaçava iniciar uma briga.

— Então, Roberto, o João vem aqui hoje? – pergunta Rogério certa noite.

— Vem sim, por quê? — responde Roberto.

— Nada, nada. Mas, diz aí, ele tem namorada? – insiste Rogério.

— Não que eu saiba. Nunca o vi com nenhuma menina. As garotas lá na academia vivem atrás dele, mas ele não liga. Acho que ele também não gosta delas, que nem eu.

— Ora, mas que ótimo! Porque ele é um gatão, não é? Você está de olho nele, hein *brother*? – brinca Rogério.

Roberto fica olhando o irmão sem saber o que responder. Por sua cabeça passam mil pensamentos, que o têm atormentado há muito tempo. Não sabe nem o que dizer a si mesmo. Há muito tempo sabe que o irmão é homossexual. Ele nunca fez questão de ocultar o fato. A mãe aceitava bem. Ela vivia repetindo que preferia que seu menino fosse uma bichinha a ser um brutamontes como o pai. O próprio Roberto não via problema em ser ou não gay. Seu irmão era uma pessoa muito boa e era gay. Mas ele, Roberto, era o quê?

Suspirando, olha para Rogério e diz:

— Eu não sei. Eu gosto muito dele, mas eu não sei se isso é algo mais. Você sabe que eu nunca consegui ter amigos. Ele sempre foi legal comigo na academia, e só agora é que estamos mais próximos. Mas eu não tenho tesão por ele. Não assim como você pensa.

— Queridinho, ou você tem tesão, ou não tem. Não tem essa de dizer que não tem tesão como eu penso! – retruca Rogério rindo. – Aliás – continua ele — você já transou com alguém?

— Que pergunta, hein? Que te interessa isso? - responde Roberto absolutamente envergonhado.

Rogério, rindo, sacode os longos cabelos, flexiona os quadris, levanta-se do sofá e dispara:

— Eu bem que desconfiava que a gatinha aí era virgem. Você nunca... Nunca mesmo? Céus, meus sais! Você gosta de mulher, é? Conta aí – acrescenta rindo Rogério.

Sentando-se no braço do sofá, Rogério dá um beijo estalado na testa do irmão que ainda sente as faces escaldantes de vergonha. Depois sorri tímido e responde:

— Fala abaixo! A mamãe está chegando. Acho chato ficar falando dessas coisas na frente dela.

— E você acha que mamãe nunca ouviu falar de sexo? Deixa de ser babaca. Ou você acha que desde que o "idiota do brutamontes" foi embora ela nunca mais fez sexo?

— Pois eu nunca vi nenhum namorado com ela. E ela não fala de sexo perto da gente. Acho que é um desrespeito você falar assim – pondera Roberto.

— *Tá* querida, vou fingir que não falei nada. Ora, por favor, Beto, você nunca desconfiou de nada, das tias que de vez em quando vêm morar aqui conosco? Faça-me o favor! – reage Rogério.

— Como assim? Do que você está falando? – pergunta Roberto.

Rogério olha o irmão com uma expressão entre gozador e espantado. Suspira, morde os lábios e, apertando amigavelmente o ombro do irmão, levanta-se e dirige-se à pequena cozinha do apartamento.

Roberto, intrigado, levanta-se também e vai atrás do irmão.

— Afinal o que você quis dizer com todo esse papo sobre as amigas da mamãe?

Rogério, abrindo a geladeira pigarreia, abre a boca para responder quando a porta da frente se abre.

— Outra hora. Outra hora. A mamãe chegou.

E, fechando a geladeira, vai até a sala.

— Cadê a minha querida mãezoca? Tudo bem, mãe? Trabalhou muito hoje? – pergunta Rogério solícito.

— Nem me fale, filhote. Estou arrasada. Atendi quatro fregueses. Cada uma em um canto da cidade. Os ônibus estavam lotados como sempre e eu estou moída. Parece que levei uma surra! – exclama Maria do Carmo jogando-se no sofá.

Rogério olha para a mãe com amor. Sabe que ela sempre trabalhou muito para dar a eles tudo o que tinham. Era pouco, é verdade, mas nunca haviam passado fome e nem vergonha.

— Sabe mãe, eu ainda vou ganhar muito dinheiro e te dar todo o conforto.

Rogério estava fazendo um curso técnico de fotografia, com muito sacrifício e, para poder pagá-lo, trabalhava em um posto de gasolina como frentista e lavando carros.

Sua condição de homossexual assumido provocava muitas brincadeiras entre os colegas, na maioria das vezes bastante ofensivas. Mas, como ele mesmo comentava com a mãe, estava se lixando para aqueles trouxas. "Quem sabe da minha vida sou eu. Quando eu estiver lá em cima, no topo, cheio de glória, vou cuspir na cara deles!".

Sua determinação em tornar-se um famoso fotógrafo de moda era impressionante. Com a ajuda da mãe comprava toda publicação que saía a respeito, estudava e sonhava. Maria do Carmo apoiava o filho, apesar de não entender esse sonho maluco.

— Deus te ouça meu filho. E como está o curso? Hoje tem aula? – pergunta a mãe.

— Hoje não mãe. Hoje é sexta-feira, está esquecendo? Hoje tem festa no apartamento do Ricardão, lembra dele? Aliás, vou levar o Roberto comigo, o que você acha?

Roberto, que ainda estava na cozinha, ao ouvir o que seu irmão havia dito responde rapidamente:

— Nem pensar. Eu vou ao cinema com o João. Detesto esse Ricardão.

— Ora, não sabia que você estava aí, filho. Tudo bem com você?

Roberto entra na sala e beija a mãe. Olha para o irmão que faz cara de desentendido e insiste:

— Por que você não gosta do Ricardão? Por que ele é negro ou por que ele é gay?

— Não gosto dele porque é um cara cheio de nós pelas costas. Além disso, é muito pegajoso. Depois, combinei de ir ao cinema com o João – retruca Roberto.

— Deixa seu irmão em paz. Se ele prefere ir ao cinema, que vá – interfere a mãe.

Nesse momento a campainha toca e Rogério corre abrir a porta.

— João querido, como vai?

O rapaz entra sorrindo e cumprimenta a todos. É um belo rapaz. Alto, com olhos e cabelos bem negros, nariz afilado e corpo bem delineado para seus 17 anos. Com seu sorriso largo, João conquistava as pessoas. Maria do Carmo gostava muito do rapaz e dava graças a Deus por ele ser amigo do filho mais novo que era tão acanhado.

Roberto abraçou o amigo e o convidou para se sentar.

— Então, vamos pegar um cinema? No shopping Iguatemi está passando um belo filme.

Rogério aproximou-se e acrescentou:

— Eu convidei o Beto para ir a uma festa na casa de um amigo, mas ele não quer. O que você acha?

— Não sei. Por que você não quer ir? Acho que pode ser uma boa – coloca João para Beto.

— É que eu não gosto do sujeito e meu irmão sabe disso. Não quero ir mesmo. Prefiro ir ao cinema.

— Vocês não têm nenhuma competição esse final de semana, não é? Por que não vão à festa, Beto? Amanhã vão ao cinema – coloca a mãe ansiosa por ver seu filho caçula mais entrosado com a vida social.

Após muita discussão, Roberto, vencido, vai à festa de Ricardão. E, chocado, viu seu irmão atrair e envolver João. E foi nesta festa que ele descobriu que amava João, não só como amigo, mas como um parceiro.

Rogério não cabia em si de tanta felicidade. Quase ao final da festa, abraçando João pela cintura, chamou Beto e comunicou a ele o início do namoro entre eles.

Roberto perdeu o chão. Não sabia como encarar o fato. Uma mistura de revolta, ciúmes e desapontamento fez com que ele, engolindo em seco, pegasse um cigarro de maconha que corria solto na festa e desse sua primeira tragada. Em seguida ele, que nunca havia fumado nem bebido, encheu um copo de caipirinha e tomou de uma só vez. E depois outro, mais outro, e outro ainda.

No meio da madrugada o Geraldo, que há muito tempo estava observando Roberto, aproximou-se com palavras carinhosas e o envolveu em um abraço. Foi com ele que Roberto iniciou sua vida sexual. E manteve esse relacionamento por dois anos consecutivos.

De início, Maria do Carmo nada comentou. Com o tempo passou a aceitar a presença constante de Geraldo em sua casa. O rapaz, dez anos mais velho que Roberto, trabalhava em uma corretora de imóveis e vivia trazendo presentinhos para ela e para o filho.

O namoro de João e Rogério também seguia normalmente, mas Roberto desiste de continuar a natação. Ainda se sente traído por João e não quer maiores intimidades.

Ivete estranhou a desistência repentina do rapaz. Tentou por todos os meios que ele voltasse para a academia, mas não conseguiu que ele desistisse da ideia. Maria do Carmo questionou muito, mas nada esclareceu. Estranhava muitíssimo a presença de Geraldo e desconfiava que houvesse ali mais segredos do que poderia imaginar. Até o dia em que descobriu a verdade sobre o relacionamento entre os dois.

Chocada, chamou Roberto para uma conversa séria. Muito foi dito, mas pouca coisa foi aceita de ambos os lados. Ivete afastou-se do convívio da família, o que entristeceu demais Maria do Carmo e o filho.

Rogério, por sua vez, deu graças a Deus. Nunca havia gostado de Ivete. Continuava lutando por seu espaço como fotógrafo no mundo da moda. Conseguiu um emprego em uma agência de modelos e começou a especializar-se em fotografar nus.

Foi nesse meio que conheceu Serge, um fotógrafo francês que admirou seus trabalhos e o convidou para passar uma temporada na França para complementar seus estudos. Rogério não pensou duas vezes e aceitou. Iniciou-se então uma luta para que conseguisse alguns dólares para tornar possível a realização de seu sonho.

Maria do Carmo, assustada, queria impedir que o filho mais velho partisse para a Europa. Achava uma loucura essa empreitada. Mas Rogério não queria nem ouvir falar em desistir. Roberto, que já trabalhava com o irmão como auxiliar de fotografia, não sabia o que dizer. João ameaçou terminar o relacionamento. Rogério, sem pensar nem um minuto, pôs um ponto final em tudo. E quando já tinha organizado o que precisava para a viagem, partiu com Serge.

A mãe, conformada, uniu-se ainda mais a Roberto. Este, sem o talento do irmão, não conseguiu crescer na agência. Passou a ficar desmotivado e preguiçoso. Após alguns meses da partida do irmão rompeu o relacionamento com Geraldo.

Terminado o colegial, não sabia que rumo dar a sua vida. Não havia dinheiro para continuar os estudos, não tinha jeito para a arte da fotografia, não amava mais ninguém. Aos 18 anos estava perdido e desorientado, não tinha amigos nem amantes. Sentia muita falta do irmão e a depressão começava a tomar conta dele. Passou a frequentar redutos gays em busca de um amor e de companhia. Todas as noites voltava para casa a altas horas da madrugada.

Maria do Carmo, preocupada, não sabia o que fazer com o filho. Procurou a amiga Ivete que, penalizada, resolveu ajudar a amiga e ao rapaz que tanto amava. Chamou Roberto que atendeu solícito ao pedido de sua fada madrinha.

— Roberto, você sabe que eu nunca aceitei esse seu comportamento. Por causa do seu namoro com Geraldo preferi me afastar. Sabe que nem meus filhos nem meu marido aceitam essa sua perversão. Você tinha tudo para continuar competindo em níveis internacionais e sabe disso. Abandonou tudo sem motivo.

— Ah, tia Ivete, eu não gosto que você fale em perversão. Eu não me sinto um pecador, a natureza me fez assim. Meu irmão é assim e está muito feliz. Ainda ontem chegou uma carta dele com fotos. Está lindo! Fez um corte de cabelo lindo, colocou um brinco de brilhante enorme, presente de Serge, e diz que está muito feliz. Você sabe que agora eles vão para Lion? O Serge está trabalhando em uma produção lá. Eu é que não tenho essa sorte, não sei o que fazer. No estúdio, faço de tudo, varro o chão, sirvo café, vou atrás dos badulaques para a produção das fotos, aguento aquelas peruas horrorosas o tempo todo gritando "Beto! Meu chapéu, meus sapatos..." Um horror... – suspira Roberto.

— Então, por que você continua insistindo nisso? Largue tudo e vai procurar alguma coisa para fazer que seja do seu agrado. Volte a estudar. Procure alguma área em que você se encontre. O que não pode é você ir para a madrugada todas as noites, como sua mãe me contou. Faça alguma coisa por você mesmo. Eu não consigo aceitar que você esteja assim, mergulhado nesse desânimo, se destruindo. O que você gostaria de fazer? – insiste Ivete.

— Eu acho que até sei o que eu gostaria de fazer. Eu gostaria de ser professor de Educação Física. Mas, para isso, eu teria que cursar a faculdade e não temos dinheiro. Nós não temos nem dinheiro para o cursinho pré-vestibular – suspira Roberto.

— Mas você poderia estudar sozinho ou então procurar alcançar uma bolsa de estudos para um desses cursos. Você sabe que eu posso até ajudar a pagar uma parte, desde que você realmente se interesse em arrumar sua vida. Afinal, quanto você ganha nesse emprego?

— Uma mixaria. Mas, ninguém vai querer dar emprego para a bichinha aqui, tia, você sabe disso. Eu também não sei fazer nada. Eu até já me candidatei para trabalhar em redes de *fast food*, mas não fui aceito. Nem para repositor de supermercado eu fui aceito. Eles não dizem nada, mas sei que é por causa do meu jeito. Preconceito puro. Também tentei numa livraria aqui perto de casa, mas só fiquei uma semana. O dono, um português muito malcriado, quase matou a mulher dele ao ver que ela havia me contratado. E disse bem alto, lá de dentro do escritório dele para que eu escutasse, que não queria saber de viado trabalhando na loja dele. Estúpido o portuga!

— Então, você não acha que está na hora de tomar um rumo na vida? Que está na hora de você mudar esse seu comportamento? Seu irmão sempre foi bicha, como você diz, mas você não tem esse perfil. A sua mãe é que sempre foi muito indisciplinada com ele e com você. Cansei de dizer a ela que isso não ia dar certo, mas ela nunca me ouviu. Achava lindo vocês se pintarem e se vestirem de mulher. Deu no que deu! Seu irmão está feliz? Melhor para ele. Mas você está desencontrado, perdido. Precisa mudar de vida, Roberto.

Não vou prometer nada, mas vou tentar arranjar um emprego para você em algum lugar. Você sabe que eu não posso colocar você trabalhando na academia por causa do Alberto. Ele tem preconceito mesmo e não adianta arranjar encrenca com ele. Eu tenho muitas amizades e vou ver se consigo arranjar alguma coisa para você fazer e ganhar algum dinheiro. Mas você vai fazer duas coisas: Cortar esse cabelo bem curtinho para tirar toda a tintura e deixar os brincos e os anéis em casa. Procure também maneirar os trejeitos. Está certo assim? Você aceita? – perguntou Ivete com carinho.

Roberto ficou olhando para as próprias mãos, pensando em tudo o que acabara de ouvir. Uma lágrima escorreu de mansinho. Pensou em sua vida, em seus relacionamentos homossexuais, na saudade que sentia do irmão. Mas, de certa forma, parecia estar mais solto, mais livre. "Livre de quê?" Pensa, suspira e toma uma resolução:

— Está bem tia Ivete, vou seguir seus conselhos. Mas você acha mesmo que eu tenho alguma chance de continuar a estudar? Será que vou conseguir? Os livros são caros, como vou pagar tudo isso? Minha mãe, coitada, tem vendido cada vez menos produtos e as freguesas estão sumindo. Ela também anda muito desanimada.

— É, a situação anda muito difícil mesmo, mas vamos tentar. Vá para casa e comece hoje mesmo a dormir mais cedo e a pensar como conseguir uma bolsa de estudos para o cursinho – encerra Ivete carinhosamente.

E assim foi feito. Maria do Carmo não queria acreditar na mudança do filho. Não sabia como agir e o que falar para ele. Mas dava graças a Deus por ele não estar mais na madrugada.

Passados dias após a conversa, Ivete conseguiu para Roberto um lugar de auxiliar administrativo em uma escola de inglês. A dona da escola, Ingrid, muito amiga de Ivete, ficou sabendo de toda a história do rapaz, mas nunca comentou uma só palavra com ninguém.

Aos poucos ele foi se entrosando com o serviço e, mesmo sendo tímido, foi se tornando popular entre os alunos e professores. A escola estava sempre promovendo eventos internos, dos quais Roberto participava, na maioria das vezes como responsável pela organização. A experiência que ele havia adquirido nas produções fotográficas e de propaganda, foi muito bem aproveitada para a montagem dos *workshops*. Sempre tinha ideias diferentes para estimular os alunos nas conversações e nos *meetings*.

Se o trabalho estava indo bem, o mesmo não acontecia em relação aos estudos. À noite, sozinho em casa, não conseguia se concentrar. Não havia ainda conseguido uma chance para alcançar uma bolsa de estudo para o curso preparatório de vestibular, o que o deixava bastante desanimado.

Aos poucos, a ideia de ser professor de Educação Física foi se esvanecendo. Em compensação, cada vez mais se interessava pelo estudo de inglês. Ingrid, notando seu interesse, ofereceu a ele a oportunidade de frequentar os diversos cursos, pagando somente o material didático.

Roberto ainda frequentava os redutos gays, que estava acostumado, revia os amigos, arranjava casos eventuais que quase nunca passavam do fim de semana. Às vezes, ele se perguntava o que estava fazendo ali, pois já não sentia prazer em estar naqueles bares ou boates. Muitas vezes as conversas o deixavam irritado. Quando se sentia muito assediado por algum dos frequentadores tornava-se grosseiro e invariavelmente ia embora para casa.

Sentia muita falta do irmão que agora estava definitivamente apaixonado por Serge e pela França. Rogério dizia que não tinha planos de voltar para o Brasil e esperava, em breve, conseguir um emprego.

Beto ficava feliz em saber que o irmão estava tão bem, mas continuava sentindo que algo havia mudado profundamente, não conseguia atinar o que era. Foi quando conheceu Regiane na escola de inglês. Era início de março, ele frequentava o curso noturno intermediário quando a moça entrou na sala. Risonha, um tanto encabulada por estar atrasada logo no primeiro dia, procurou um lugar na sala e sentou-se bem ao lado de Roberto, que ficou todo atrapalhado com suas emoções contraditórias.

De início, sentiu o coração disparado. Não conseguia desviar os olhos do perfil perfeito da moça. Seus olhos buscavam os dela sem cessar. Perdeu-se completamente neles. E estava se odiando por isso. Terminada a aula, Roberto saiu da sala sem olhar para trás, completamente transtornado.

"Mas o que é isso?", pensava ele enquanto descia o lance de escada quase correndo. "Eu sempre detestei mulheres. Aliás, detesto todas elas. Desde que me lembro por gente. Peitos e bundas nunca me atraíram. Sempre tive nojo. Acho as garotas falsas, perigosas e, como Rogério diz, elas estão sempre prontas para dar a quem paga melhor. No estúdio, eu sempre ficava nauseado só de ver as garotas correndo para lá e para cá, só de calcinha, peitos balançando, sem a menor vergonha. Quando elas passavam a mão em mim, só para encher o saco, eu ficava puto da vida! São todas umas piranhas. E agora fico olhando essa garota que nem um panaca? Qual é? O que está acontecendo? A bicha aqui está ficando louca?"

Roberto foi para a rua, ainda com o coração disparado e muito confuso. Aos poucos foi se acalmando. Quando chegou em casa, já mais tranquilo, até chegou a rir de si mesmo. "Tudo besteira!", raciocinou ele, "O que estou precisando é de uma boa noite de sono. Amanhã nem vou me lembrar dessa loucura."

Mas, não foi isso que aconteceu.

Na aula seguinte, dias depois, Roberto sofreu o mesmo impacto quando a moça surgiu. E, pior, ela sentou-se novamente ao lado dele e começou a conversar como se fossem velhos amigos. O rapaz, de início, ficou muito tímido, passou a responder as perguntas da colega e, pouco a pouco, foi se soltando. Não conseguia entender o fascínio que sentia por ela.

Os meses se passaram e a amizade entre os dois se fortaleceu. Ela parecia não perceber os trejeitos afeminados de Roberto que, pouco a pouco, foram se tornando menos pronunciados.

Ele já não conseguia manter os vínculos homossexuais. Todas às vezes em que tentava, o rosto de Regiane se interpunha em sua mente e ele desistia. Nada contou sobre o fato para sua mãe, mas escreveu para o irmão pedindo conselhos. Rogério respondeu que às vezes isso podia acontecer com o mais convicto das bichas e que, sem dúvida, a fixação pela moça acabaria passando.

Roberto sentia que cada dia ficava mais envolvido por Regiane, mas não tinha coragem de tomar iniciativa para se afastar dela. Chegou à conclusão de que estava realmente apaixonado por ela. "Mas como vou explicar o que fiz no passado? Ela vai me desprezar e eu não vou aguentar isso" pensava ele.

Regiane, por sua vez, tentava abrir espaço em suas conversas para que houvesse algo mais íntimo e mais próximo entre eles. Roberto desconversava e fazia que não entendia.

Após algum tempo, Regiane surgiu com um namorado na porta da escola de inglês. Roberto pensou que fosse enlouquecer. Naquele dia, não conseguiu ficar na aula. Rumou direto para casa e, sem jantar, escondeu-se no quarto remoendo um ciúme que nunca pensou que poderia ter.

Abandonou os cursos e tornou-se sombrio e calado no emprego. Todas as noites de terças e quintas, após o expediente, ficava escondido na porta da escola para ver Regiane, que invariavelmente chegava com o namorado.

Roberto ficava arrasado, mas gostava de vê-la nem que fosse por alguns momentos. Ele não tinha coragem de telefonar para ela e nem de forçar algum encontro casual.

Mas ela teve. Telefonou para a escola e pediu para falar com ele. Disse que sabia que ele a espionava na porta da escola e que não entendia por que ele não queria mais a amizade dela. Marcou um encontro com ele para o sábado seguinte. Roberto não foi.

Passou-se muito tempo. O rapaz viajou, trabalhou, forçou-se a ter romances esporádicos com muitos gays, mas nada apagava a imagem de Regiane. Até o dia em que, desolado, e entrando em depressão novamente, procurou a ajuda de Ivete, que indicou a ele uma terapeuta, com a qual havia feito tratamento.

— Se você quer se conhecer a fundo, e eu particularmente tenho certeza de que você não sabe o que é e nem quem é, vá até ela. Você vai descobrir a causa dessas emoções conflitantes. Vai descobrir muita coisa a seu respeito. Eu converso com ela para conseguir uma consulta para você. Essa primeira eu pago. Se você gostar dela e quiser continuar, veremos o que pode ser feito.

E assim aconteceu. Após alguns dias dessa conversa, Roberto se viu no consultório. Sentia-se envergonhado por estar ali falando de coisas íntimas a uma desconhecida, mas estava determinado a saber se era ou não homossexual como seu irmão.

Procedimento Terapêutico

Na primeira entrevista Roberto se mostrou muito fechado. Sua linguagem corporal alternava entre gestos absolutamente femininos e outros masculinos. Seu modo de vestir deixava poucas dúvidas quanto às suas preferências sexuais. Mas, aos poucos, conseguiu colocar em palavras o problema que o afligia.

Muito tenso, custou a entrar em relaxamento. Não conseguia posicionar o corpo. Com os braços apertados em cima do próprio peito parecia sufocado. Mas com o decorrer da técnica foi se soltando e conseguiu entrar em relaxamento profundo.

Feito o Retorno, após o exercício vivencial, chorou muito, mas não quis expor em palavras os motivos de tanto pranto. Concordou em voltar e iniciar o tratamento.

Primeira Sessão (Núcleo Terapêutico)

Nessa sessão de Regressão de Memória, Roberto conseguiu um relaxamento profundo. Enquanto estava sendo feita a Regressão para seus anos de infância, repentinamente colocou-se na posição fetal.

> **Terapeuta:** O que acontece com você nesse momento? O que está vendo, sentindo ou intuindo?

Paciente: Está escuro aqui. Está apertado. (Aperta os braços em volta do corpo e balbucia.)

Terapeuta: Você está em um lugar escuro e apertado. Fale mais alto para eu poder ouvir. Onde é esse lugar que você está?

Paciente: Não sei. Mas parece ser... Que esquisito... Não pode ser.

Terapeuta: Deixe seu inconsciente responder. Não resista ao que lhe parece ser. Agora diga, onde você está? Um, dois, três. O que lhe vem à mente?

Paciente: (Silêncio prolongado.) Eu estou... É isso mesmo. Estou na barriga da minha mãe. Ela chora muito. Coitada, eu estou ouvindo. (Novamente silêncio.)

Terapeuta: O que você está ouvindo? Isso pode ser muito importante para você.

Paciente: Alguém está xingando ela... Um homem. Ah! Meu Deus, ele está batendo nela, eu sinto. Eu sinto isso. Agora parou. Ele foi embora, mas ela continua chorando. Ela diz que quer que eu nasça logo, quer que eu seja uma menina. Que homem nojento! Ela não quer que eu nasça homem. Ah! Mamãe... (Chora silenciosamente.)

Terapeuta: Você está vivenciando um momento de sua vida intrauterina. Você está dentro da barriga de sua mãe. Em que mês de gestação sua mãe está? Um, dois, três. O que lhe vem à mente?

Paciente: Não tenho ideia, mas acho que já vou nascer. É, isso, estou quase nascendo. Aquele homem é meu pai.

Agora sei disso. Como pôde ser tão estúpido. Ele não ama minha mãe e nem a mim. (Silêncio prolongado.)

Terapeuta: E agora, o que acontece?

Paciente: Não sei. Estou em um campo. Que esquisito. Estou cortando lenha, mas sou diferente. Estou com um chapelão na cabeça porque faz muito calor. Ah! Estou imaginando essa besteira. Não pode ser.

Terapeuta: Não bloqueie. Não racionalize. Não importa se é ou não imaginação. Deixe fluir. Mergulhe nessa cena. (Pausa.) E o que acontece agora? Onde você está?

Paciente: Estou cortando lenha. Agora parei porque alguns homens vêm se aproximando. Está meio confuso. Não consigo ver direito. Eles estão... São meus amigos. Estão me chamando para ir com eles.

Terapeuta: Você vê alguns amigos e eles estão chamando para você ir com eles. Para onde eles querem que você vá com eles?

Paciente: Eu já estou com eles. Vamos tomar banho no rio. Está muito calor. Eles gostam de mim e eu gosto deles também.

Terapeuta: Você e seus amigos estão tomando banho no rio. Quantos são seus amigos? Por que vocês são tão amigos?

Paciente: Nós crescemos juntos. É o que eu sei. Parece que estudamos juntos. Será? É. O pai do Franz é professor. Foi lá que estudamos juntos. Na casa do Franz. (Abre um sorriso.)

Terapeuta: Você está feliz por estar com seus amigos. Além do Franz, quem mais está com vocês? Qual é o seu nome?

Paciente: Meu nome é Luther. Isso, Luther. O irmão dele... do Franz... Não sei. Somos amigos. (Ri baixinho.)

Terapeuta: Você está feliz junto com seus amigos. O que acontece agora?

Paciente: Agora... Estamos em uma festa. Acho que é uma festa, pois as pessoas estão dançando em cima de um tablado de madeira. Batem muito os pés, pulam muito. Meus amigos e eu batemos palmas. É de noite. A festa é em um campo aberto. Parece que é um sítio ou alguma coisa assim. Estou feliz. Agora eu também estou dançando com uma moça. Ela é linda. (Suspira e sorri.)

Terapeuta: Você está numa festa, em um sítio. Onde fica esse lugar?

Paciente: É na Alemanha, ou na Áustria. Não sei bem. Mas estamos vestidos. Parece fantasia de tirolês.

Terapeuta: Diga agora qual é a época em que tudo isso acontece? Um, dois, três. O que lhe vem à mente?

Paciente: Não sei. Penso que é por volta de 1850, é o que eu acho. Mas agora estou em outro lugar. Estou em uma sala toda de madeira. É bem simples. A mesa de madeira está enfarinhada. Minha mulher é... (Silêncio prolongado.) Eu estou casado com ela que está fazendo alguma comida. Olha! É aquela moça com quem eu estava dançando. (Silêncio prolongado.)

Terapeuta: Com que idade você está? Descreva o que acontece.

Paciente: É de noite. Ela está cozinhando e eu olho para ela. Eu realmente amo minha esposa. Ela está falando e rindo para mim. Mas eu não consigo perceber o que é. (Silêncio.) Não estou vendo mais nada. Acabou. Está tudo escuro. Não consigo perceber mais nada, mas estou feliz.

Terapeuta: Este escuro que você está percebendo tem relação com algum momento dessa vivência que você está recordando? Sim ou não? O que lhe vem à mente?

Paciente. Não. Eu não consigo ver mais nada.

Terapeuta: Então vamos fazer o Retorno e deixar para a próxima sessão o que for importante você recordar para seu momento atual.

Terapia de apoio — Síntese

Roberto voltou bem-disposto da sessão de Regressão. Comentou que estava se sentindo muito bem, feliz mesmo, como há muito tempo não sentia.

— Interessante. Então, em outra vida, eu já fui homem, casado e feliz. Mas como pode? E agora eu tenho a certeza de que a minha mãe não mentia quando dizia que meu pai era um estúpido. Eu senti isso também. Ele nunca me amou. Nunca! Ela tinha razão. Agora eu entendo porque eu fui me lembrar dessa existência como

Luther. Nome mais esquisito, não é não? Mas foi esse nome que me veio à cabeça.

— Você precisava entender todo o sofrimento que sua mãe passou e mais os motivos que a levaram à aversão aos homens em geral. Pois ela criou vocês com uma imagem tão negativa da postura masculina. Você sofreu na carne, junto com ela, o abandono de seu pai. A falta de amor que ele teve em relação a vocês todos. E sofreu também por causa desse quadro, com sua identidade sexual. O seu inconsciente quis mostrar para você uma vida feliz e saudável quando o fez relembrar a vivência como Luther. Mostrou que, em outros tempos, você foi feliz assumindo sua identidade masculina. Que é possível ser homem, amar e ser amado. O que você acha dessa hipótese? – ponderou a terapeuta.

Roberto concordou sorrindo, mas ainda tinha um quê de dúvida em seu semblante. Acrescentou que queria passar logo por outra experiência de Regressão para confirmar se não havia imaginado tudo o que ele achava que tinha visto.

Segunda Sessão (Núcleo Terapêutico)

Após um intervalo de duas semanas, que foram muito úteis para Roberto, já que pôde conversar com a mãe mais abertamente a respeito de seu nascimento. Descobriu que ela nunca mais havia tido nenhum tipo de relacionamento sexual, fosse com outros homens ou mulheres. Essa questão havia ficado em aberto para Roberto, desde que Rogério dera a entender que sua mãe tinha relacionamentos lésbicos.

Ao ouvir isso, sua mãe ficou muito surpresa com a colocação do filho, mas não ficou zangada. Riu muito com o fato. Disse que só podia ser bobagem da cabeça do Rogério!

Roberto sentiu-se aliviado por saber a verdade. Apesar de se considerar homossexual, não via com bons olhos que sua mãe fosse lésbica. Incoerências do ser humano. Voltou à terapia bem mais seguro para mergulhar em seu eu e se descobrir.

Paciente: Sou um velho, mas não muito idoso. Acho que estou cozinhando. Estou fazendo uma sopa, parece. Estou só. Estou tão só. (Lágrimas escorrem pelo canto dos seus olhos, em silêncio).

Terapeuta: Você é um velho que está cozinhando e que está só. O que acontece agora?

Paciente: Estou muito triste. Eu acho que minha mulher morreu. É, é isso. Estou muito triste porque ela não está mais aqui. Eu tenho um filho, mas não sei onde ele está. Eu acho que ele mora longe. Eu estou só.

Terapeuta: Descreva a cena. O que acontece ao seu redor?

Paciente: Estou em uma cozinha pobre. O fogão é de ferro e a panela é muito velha. Escura. Eu sou negro. (Silêncio.)

Terapeuta: Onde você está? Onde fica sua casa? Um, dois, três. O que lhe vem à mente?

Paciente: Não sei. Não consigo perceber. Mas sei que sou meio velho e que minha mulher morreu. E eu estou muito triste. Mas estou esquisito. É, sou negro. É estranho, minhas mãos são negras e meus braços... (Silêncio.)

Terapeuta: Você percebe que é negro e que está só. Adiante-se na cena. O que acontece agora?

Paciente: Já estou bem velho. Estou sentado fora da casa. Ela é toda de madeira. Cinza. Acho que nevou porque está tudo branco. Está frio, muito frio. Estou mexendo com um pedaço de madeira. Estou com uma faca velha e essa madeira nas mãos. Minhas mãos são negras. Eu tento fazer alguma coisa. Acho que é para a minha neta. Meu filho está comigo agora. Eles moram comigo, mas não consigo vê-los. Eu só sei que eles estão morando aqui.

Terapeuta: Você é negro e mora em um lugar que neva. Que lugar é esse? O que lhe vem à mente?

Paciente: (Um minuto de silêncio.) É na América. Na América do Norte, em algum lugar. Não consigo lembrar qual é esse lugar. Eu sei que moro em uma espécie de rancho. Bem pobrezinho, mas eu gosto daqui. Eu nasci aqui perto. Mas não me vem nenhum nome.

Terapeuta: Você mora com seu filho e tem uma neta. Está fazendo alguma coisa de madeira para sua neta. Prossiga na cena. O que acontece agora?

Paciente: Não sei. Estou com falta de ar. Não consigo respirar. (O paciente passa a arfar.) Meu Deus, estou morrendo. É meu coração. Que dor! (Paciente coloca as mãos no peito.) Está doendo muito. Morri! Morri e saí do meu corpo. Mas estou vendo tudo daqui de cima! É esquisito isso!

Terapeuta: Você morreu e está se vendo fora do corpo. Agora me diga qual foi o último pensamento que lhe ocorreu na hora da sua morte?

Paciente: Pensamento? (Silêncio prolongado.) Eu pensei que agora, finalmente, eu estava livre para ir ao encontro de minha mulher. Eu sei que vou sentir muitas saudades do meu filho (chora baixinho) e dos meus netos. Eu tenho uma neta e um neto. Mas estou feliz por estar livre novamente. Vou me encontrar de novo com ela. Com ela.

Terapeuta: E você agora sabe quem é ela? Qual foi a lição que essa vivência trouxe para você?

Paciente: Lição? Olha, eu acho que é o amor que vale na vida. Nada mais importa, nem o fato de ser muito pobre. O amor que eu tinha por ela era só meu. Ninguém pode tirar isso da gente. Ela também me amou muito. (Silêncio.) Sabe, o rosto dela apareceu só um pouquinho, bem rápido. Ela era muito bonita. Eu sofri muito quando ela morreu. O amor tem dessas coisas. É muito bom, mas quando você perde a pessoa, quando ela desaparece, você sofre muito.

Terapeuta: Essa foi a verdade que você aprendeu nessa vivência? O amor é o que vale na vida, mas faz sofrer quando a pessoa amada desaparece. Você continua a pensar assim?

Paciente: Sim.

Terapeuta: Você tem medo de amar? Sim ou não?

Paciente: Tenho sim. Especialmente as mulheres. Agora, me vem à mente aquela moça. Aquela da última vez, lá na Alemanha. Eu a vejo agora. Ela também morreu e me deixou. Sofri muito.

Terapeuta: Além do fato de você ter perdido a pessoa amada por morte, o que mais ocorreu em comum que fez com que seu inconsciente trouxesse à tona essas duas vivências interligadas? O que seu inconsciente está querendo mostrar a você? Responda. Um, dois, três. O que lhe vem à mente?

Paciente: (Responde rapidamente, sem titubear.) Que eu fui natural nessas duas vidas, que eu era um homem comum. Que gostava de mulheres e que me apaixonei por elas. Mas eu as perdi. Apesar de todo o amor que eu dediquei a elas, eu as perdi e a solidão foi muito ruim.

Terapeuta: Que conexão você faz desses fatos recordados e a sua vida atual?

Paciente: (Alguns momentos de silêncio.) Que nessas vidas eu amei muito as mulheres e que sofri. Que, talvez, por isso eu não consiga me aproximar das mulheres agora. Mas não acho que isso explica tudo. Eu sou homossexual. Mas será que só esse motivo me tornou gay? Não sei, mas por hoje chega. Quero acabar com a sessão.

Terapeuta: Você está cansado e não quer continuar por hoje. Tem certeza de que não quer continuar e saber mais a seu próprio respeito, saber mais de suas motivações?

Paciente: Não. Não quero. Por hoje chega.

Terapia de Apoio — Síntese

Feito o Retorno, Roberto se mostrou satisfeito, mas ainda assim angustiado. Acrescentou que a esposa do Luther era muito bonita e que tinha a sensação de já tê-la visto nesta vida.

— Hoje consegui ver bem os olhos dela. Foi só de relance, mas eu tenho a impressão de que já vi aquele olhar. Só que não tenho muita certeza. Você acha que poderiam ser os olhos de minha tia Ivete? Não acha que isso é muita loucura minha? – perguntou Roberto.

— De forma alguma Roberto. É bastante comum nós fazermos esse tipo de conexão. E, principalmente, é pelo olhar que se reconhecem as pessoas que partilharam e ainda partilham conosco várias vivências – respondeu a terapeuta.

A questão da homossexualidade foi bastante discutida. Muitas hipóteses foram levantadas por Roberto, o que o deixou muito confuso.

— Tantas questões requerem tempo para serem respondidas. Vá para casa e deixe que seu interior elimine, pouco a pouco, as mais fáceis. Para a próxima sessão faremos novos exercícios vivenciais e discutiremos amplamente tudo aquilo que está perturbando você – colocou a terapeuta.

E assim foi feito.

Terceira Sessão (Núcleo Terapêutico)

Nessa sessão, feita com o único objetivo de mais esclarecimentos de toda situação, só foi realizado o exercício vivencial.

As questões mais importantes para Roberto estavam relacionadas com o fato de ser ele homossexual assumido socialmente e sentir-se heterossexual internamente, desde que se apaixonara por Regiane. Ele agora conseguia exprimir em palavras o seu amor por ela. Não sabia ainda se a amava, mas sabia que nunca teria coragem de revelar para ela a sua condição e nem seu passado.

As perguntas que mais o afligiam eram as seguintes:

- Por que era homossexual?
- Por que, desde muito jovem, havia escolhido essa opção sexual?
- Se em duas vidas recordadas ele havia sido um homem dentro dos padrões aceitos pela sociedade, por que agora era diferente?

Teria sido induzido por sua mãe? Por seu irmão? Quem era ele, afinal?

Se sua mãe odiava tanto os homens por causa de seu pai, por que ela havia estimulado seus filhos a terem como companheiros outros homens? Onde estava a lógica?

Por que ele havia sempre fugido das companhias femininas? Por que não as suportava desde pequeno?

Se a hipótese de ele não ser homossexual convicto tivesse força, por que na sua adolescência havia sentido tanto apego a João Paulo?

Como explicar o relacionamento de dois anos com Geraldo? Tudo havia sido mentira?

Fazendo o exercício vivencial, que objetiva trazer para mais próximo do consciente as verdades que estão ocultas no inconsciente, conseguiu fazer inúmeras correlações entre sua vida atual e as experiências vividas nas sessões anteriores.

Terapia de Apoio — Síntese

— Eu consegui colocar um pouco de ordem na minha cabeça. Enquanto eu estava contemplando o mar e o raiar do sol, como você sugeriu, muitas coisas me vieram à mente. É como você mesmo diz, as verdades surgem espontaneamente.

Eu percebi que minha mãe se confundiu quando estimulou em mim e no meu irmão a nossa feminilidade. Mas ela existia, estava em nós. De qualquer forma, se ela agiu assim foi porque também estava completamente perturbada com a violência da qual foi vítima. Eu acho que, se fosse hoje, com os anos passados, ela não teria mais o mesmo comportamento. Ela também sofreu e ainda sofre muito. Você vê, ela nunca mais amou ninguém – coloca Roberto com expressão descontraída.

E acrescentou:

— Quanto aos meus amores, eu descobri que a gente ama independentemente do sexo. Eu amei João Paulo, eu amei Geraldo. E amo Regiane. Mas descobri que ainda não consegui entender por que me tornei um homossexual. Se em outras vidas eu só amei mulheres, por que agora também amo homens?

— Preste atenção em suas próprias palavras – interfere a terapeuta — você acabou de dizer "me tornei um homossexual". O que quis dizer com isto? Você então não nasceu homossexual?

Roberto, diante do questionamento, se calou por um longo tempo.

— Eis a questão. Hoje não sei mais se sou ou não homossexual. Você ainda não sabe, mas eu não consigo mais me relacionar sexualmente com rapazes. Eu sempre fui ativo, mas agora não tenho mais tesão. E, com mulheres, eu nunca tentei. Acho que se for para cama com qualquer uma não vou dar no couro. Vou brochar – responde ele sem nenhum constrangimento.

E continua:

— Por isso eu quero continuar a pesquisar mais sobre o que está por trás de tudo isso. Sabe que eu escrevi para meu irmão contando tudo o que estou passando aqui com você e ele ficou muito interessado? Ele me diz que eu tenho mais é que ir bem fundo, sem medo. Que assim, logo serei feliz. Eu amo muito meu irmão que é absolutamente gay. Sabia que ele sempre foi passivo?

— E isso faz diferença para você? Seu irmão ser passivo e você ativo faz alguma diferença?

— Não, não faz. Eu o amo como ele é. Eu também sou gay. Não tem essa de passivo ou ativo. Pelo menos eu sempre achei isso. Mas, vamos continuar esse assunto na próxima sessão, está bem?

E Roberto saiu do consultório intrigado e pensativo.

Quarta Sessão (Núcleo Terapêutico)

A sessão só foi acontecer quatro meses depois. Pelos mais variados motivos, Roberto marcava e desmarcava as sessões. Quando retornou aparentava um visual diferente. Sem ter mais cabelos oxigenados, nem brincos e nem anéis. Estava com roupas discretas, elegantes. Sua postura e linguagem corporal também estavam modificadas, mais contidas. Um sorriso largo estampava-se em seu rosto parecendo estar relaxado, bem diferente do rapaz atormentado e confuso que havia entrado no consultório pela primeira vez.

— Bem, estou aqui novamente. Agora, bem mais centrado. Mas tenho muitas coisas para dizer e ainda tantas para descobrir. Nesses meses todos, eu me aprofundei no mundo gay. Procurei mais do que nunca meus amigos homossexuais e descobri várias verdades. A maior delas é que realmente não consigo mais me relacionar amorosamente com eles. Tentei até reatar antigos romances, inclusive com Geraldo. Lembra dele? Pois, é. Não deu.

Quando percebi que estava forçando a barra, pulei fora. Tinha muito medo de machucar as pessoas que me amam e que eu também amo. Essa é outra verdade. Eu posso amar homens, de verdade, mas não posso ir para cama com eles. Realmente o amor não tem sexo. Eu não preciso ir para cama com eles para ser confidente, ser cúmplice de seus temores e amores. Mas, doutora, eu gosto de sexo. Eu sinto falta de dar as minhas. Então, eu tentei procurar mulheres.

De início foi meio complicado porque eu me sentia muito nervoso e não sabia como me comportar. Minhas roupas também não ajudavam. Ou elas tiravam sarro da bichinha, ou nem me olhavam.

Perdi a vergonha e pedi para minha tia Ivete me ajudar. Ela foi fantástica! Além de me dar muitas roupas, me deu vários toques. E minha mãe também entrou nessa de me ajudar e nós rimos muito com tudo isso.

Encurtando a conversa, junto com um novo amigo, que nem desconfia tudo que já fiz na minha vida, passei a frequentar lugares héteros e até consegui ir para cama com meninas. Mas aí vem outra verdade: não consigo ter tanto prazer como eu esperava.

Hoje não sinto mais nojo das mulheres, já consigo até achar bonito um belo par de seios, uma bundinha arrebitada. Mas, sabe, sinto falta da cumplicidade, da intimidade que eu tive com meus namorados. O que falta? O que está errado? – dispara Roberto em um só fôlego.

— Eu penso que devemos ir com calma. Você afirma que não consegue mais transar com homens, mas que transa com mulheres, só que é decepcionante. Em primeiro lugar, qual foi o tipo de relacionamento que teve com essas moças? Houve algum envolvimento afetivo? Você procurou relacionar-se afetivamente com elas? – perguntou a terapeuta.

— Na verdade não. Eu só queria ver se conseguia ir para cama com mulheres. Consegui. Mas, será que vou ficar assim? Amando homens e transando com mulheres? É isso que eu quero descobrir. Não quero nada pela metade. É o que eu quero descobrir.

Iniciou-se então a sessão de Regressão de Memória. Roberto, ansioso, custou a relaxar, mas subitamente seu rosto tornou-se muito brando e a sua respiração ficou sutil, quase como em suspenso.

Terapeuta: Perceba o que rodeia você. Não resista ao que está vendo. Perceba, sinta, intua. (Pausa.) O que acontece agora?

Paciente: Esquisita a sensação, não se parece com nada. Eu vejo luz, muita luz. Só luz. Não sei o que isso possa ser. Mas estou me sentindo muito feliz, em paz. (Cala-se e suspira profundamente.)

Terapeuta: Você vê luz, muita luz. Sinta essa luz. O que você sente? Ela é quente? É fria? Fale mais sobre o que acontece.

Paciente: É como se eu estivesse envolvido por ela. É muito gostoso, é muito bom. Eu estou feliz e em paz. Gosto dessa luz. Sabe, eu tento me enxergar, mas não consigo... Espere. Agora estou andando, mas não consigo ver onde piso. Não consigo ver meus pés. É muito estranho. Parece que não... Não sei como explicar. Espere. Eu quero ficar um pouco assim, quieto. (Permanece calado por longo tempo. De repente, agita-se e dispara a falar).

Eu estou entendendo porque estou aqui. Essa luz parece que está me dando uns conselhos. Não é que fale comigo. Mas ela me diz dentro do meu coração, dentro do meu pensamento que o que eu procurar está ao meu alcance. É verdade... Eu amo Regiane. Eu ainda a amo muito. Por isso não consigo ter prazer total com outras mulheres. Oh! Meu Deus! Eu preciso procurá-la e contar tudo para ela. Só assim eu vou ser feliz. Sem mentiras. A luz está se afastando... Que pena.

Terapeuta: Procure perceber mais ao seu redor. O que acontece agora?

Paciente: Estou em um jardim. É lindo! Tem muitas árvores. E tem também muitas flores... Amarelas. E o meu pai vem vindo. Olha! Sou um menino pequeno. Meu pai é um homem que está bem vestido, eu acho que ele é... como se fosse um nobre. Estou brincando com uma bolinha de madeira. Estou tentando acertar essa bolinha com um taco, que é também de madeira. Meu pai brinca comigo. Eu vejo que ele me ama. Eu também o amo muito. (Lágrimas correm devagar pelos cantos dos olhos).

Terapeuta: Fale mais dessa sua lembrança. Você está vendo seu pai brincando com você. Sinta essa sua emoção. Desfrute desse momento que seu inconsciente trouxe à tona. (Pausa.) O que acontece agora?

Paciente: Nada. Só estou brincando com meu pai. Ele é um homem bonito. Ele agora está me abraçando. Ele ri e me abraça. Meu Deus, como é bom um abraço de pai! Eu o amo muito... Paizinho.

Terapeuta: Desfrute desse amor. Sinta o que é um amor de pai. Se entregue a esse amor que um dia você teve. (Pausa.) O que acontece agora?

Paciente: (Suspirando.) É que agora eu já sou moço. Estamos eu e meu pai andando a cavalo. Estamos chegando a uma cidade. Parece uma cidade, não tem casas, mas parece... É uma vila. Estamos conversando, mas não consigo perceber o que preocupa meu pai. Por quê? (Silêncio prolongado.)

Terapeuta: Não tenha medo de vivenciar esse fato do seu passado. Ele é muito importante. (Pausa.) O que você está vendo, sentindo ou intuindo?

Paciente: (Chorando muito.) Eles mataram meu pai. Pai! O que fizeram com você! Como isso foi acontecer? Ele sempre ajudou esses nojentos. Mataram ele. Mataram meu pai... (Chora mais.)

Terapeuta: Sofra essa perda. Perceba que você o perdeu, mas ele sempre o amou muito. Sinta essa perda. Isso é importante para você.

Paciente: Eu amava demais meu pai. Não foi justo. Ele... (Silêncio prolongado.) Sabe, agora eu sei o que é o amor de um pai. Eu pude sentir esse amor.

Terapeuta: Fale mais desse amor. Fale mais sobre essa vivência de hoje. O que acontece agora?

Paciente: Nada. Já estou aqui de novo com você. Mas ainda estou sentindo o amor daquele que foi meu pai. Foi muito bom descobrir que um dia eu fui amado por um pai.

Terapeuta. E depois dessa experiência de hoje quais as lições de vida que foram reveladas para você?

Paciente: (Silêncio prolongado). Que já fui amado por um pai. Que houve um homem que me amou muito e era meu pai. Que eu não preciso mais procurar em homens esse amor que o meu pai, dessa vida, não me deu. Agora eu entendo porque me relacionei com homens mais velhos. Meus amantes eram mais velhos, bem mais velhos. Mas isso agora acabou. Estou livre.

Terapeuta: Livre? Livre do quê? Do que você se livrou?

Paciente: É que eu não sou homossexual. Nunca fui. Apesar de acreditar e até tentar ser o que minha mãe esperava que eu fosse. Eu nunca fui homossexual. Hoje sei disso. Chega por hoje. Estou exausto.

Terapia de Apoio — Síntese

Após alguns momentos de silêncio por parte de Roberto, nos quais enxugou muitas lágrimas e engoliu muitos soluços, ele respirou fundo limpando a garganta. Com uma expressão serena, mas muito séria, acrescentou:

— Há muito tempo eu já sabia que não era homo. Meus amigos gays diziam que faltava alguma coisa em mim. Eles percebiam, ainda que não conseguissem decifrar o que havia de diferente em mim. Tinha uma bichinha total que vivia me dizendo *"Es viado, pero no mucho!"*.

Eu penso que procurava homens mais velhos em busca do amor de meu pai. Lembra-se do Geraldo? Aquele que eu te contei que foi o meu primeiro amante? Ele era 10 anos mais velho que eu. Além do que, em minha casa, meu irmão é gay absolutamente feliz e realizado. E eu aceitei minha condição de homossexual sem muitos questionamentos. Minha mãe aceitou. Meu irmão era, por que eu não seria? Só percebi que havia alguma coisa diferente comigo quando eu conheci Regiane.

— Mas, como explicar sua aversão a qualquer moça que se relacionasse com você? Das moças da academia de natação, você fugia. As modelos que ficavam ao seu redor, no estúdio em que você trabalhava com seu irmão, lhe causavam nojo. Como explicar então a sua mudança? Você sabe que essa mudança não pode ser feita por um impulso – pondera a terapeuta.

— Não é um impulso. É uma verdade que eu venho negando há muitos anos. Desde que conheci Regiane ouvia uma voz dentro de mim que me dizia que eu a amava como um homem hétero. Mas eu não podia aceitar isso, até porque me sentia traidor do meu irmão. É estranho dizer isso, mas é como eu me sentia.

Sentia que se eu assumisse minha heterossexualidade estaria ofendendo a ele. E você sabe o quanto eu amo meu irmão. Sempre foi para mim um ombro amigo, um porto seguro. Só quando ele foi embora com o Serge é que eu, sem perceber, fui me afastando do mundo gay. Mas demorou para cair a ficha. Porém, quando eu vi Regiane pela primeira vez é que comecei a brigar comigo mesmo.

— E quanto a ela? Você tem visto Regiane? Tem falado com ela? – perguntou a terapeuta.

— Não. Eu acho que agora talvez eu possa voltar a encontrá-la. Mas ela não deve estar sozinha. Ela é muito bonita. Há mais ou menos um mês eu liguei para ela, só que quando ela atendeu eu desliguei. Não sei se vou ter coragem de contar para ela meu passado. Vou pensar nisso.

Última Sessão (Alta Terapêutica)

Com a definição de sua sexualidade Roberto iniciou uma nova vida. Finalmente encorajou-se e procurou a amada Regiane e, com muito custo, conseguiu revelar a ela seu passado.

Regiane, por sua vez, revelou que sempre desconfiou de sua alegada homossexualidade, mas que nunca havia acreditado nela. Que até chegou a se apaixonar por ele nos tempos do curso de inglês, quando ainda era muito menina.

Passados tanto tempo, esse amor já não existia mais. E, mesmo que existisse, ela não se sentiria confortável em ter um namorado que já havia sido gay. Agora, adulta, já não conseguiria ultrapassar o fato.

— Hoje consigo entendê-la. Agora já consigo até... até perdoá-la. Mas no dia em que ela me disse isso, até de modo muito gentil, eu quis morrer. Não sei se de ódio por ela, por sua forma de ser atual, ou se de ódio por mim. Por que levei tanto tempo para me descobrir, para tomar coragem e enfrentar meus fantasmas? Depois, fui introjetando essa minha realidade. Agora consigo perdoá-la e perdoar a mim também. De qualquer forma, ela fica sendo minha musa. Meu primeiro amor! – explicou Roberto.

— É ótimo que você consiga se perdoar e a ela também. É importante que você tenha sempre muito amor no coração, já que você enfrentará esse tipo de reação. Espero que tenha dentro de você a noção de que pode vir a ser rejeitado. A sociedade reage assim. Foi-nos incutido medo do que é diferente, do que é fora dos padrões – finaliza a terapeuta.

Roberto mudou-se de cidade com sua mãe. Foram para o Nordeste do Brasil onde Maria do Carmo ainda tinha alguns parentes. Como esclareceu em seu último e-mail, ele estava construindo uma vida nova, sem passado. Seu irmão continuava na França com seu amor Serge, fluindo na carreira.

ESTUDO DE CASO 3

FERNANDA MARIA

Nome: Fernanda Maria

Idade: 29 anos

Profissão: Auxiliar de Enfermagem

Sexo: Feminino

Observações: A paciente trabalha em um grande hospital e é muito qualificada. Formada em Enfermagem, é extremamente dedicada à sua profissão. Na primeira sessão demonstrou claramente estar infeliz em sua relação homossexual com a médica Nadine. Quer conhecer mais de si mesma, já que foi casada, tem uma filha, Patrícia, de 7 anos. Tem problemas com sua família que não aceita em hipótese alguma sua ligação com outra mulher.

Constelação Familiar

A paciente é a irmã mais velha, tendo ainda um irmão e uma irmã.

Pai

Nome: Daniel

Idade: 52 anos

Dados: Autônomo, sempre trabalhou como vendedor de produtos farmacêuticos para diversos laboratórios. Atualmente está sem trabalho, totalmente desesperançado e muito chocado com a atitude de Fernanda.

Mãe:

Nome: Arlete

Idade: 56 anos

Dados: Secretária bilíngue, sempre foi a mantenedora do lar. Há 25 anos trabalha na mesma empresa. De extrema competência, é muito respeitada pelos chefes. Tem atitudes ambivalentes a respeito da ligação afetiva da filha mais velha. A maior parte do tempo finge que o fato não está ocorrendo. Tornou-se extremamente calada em família.

Irmão

Nome: Pedro

Idade: 27 anos

Dados: Filho do meio, corretor de imóveis no Rio de Janeiro, pouco se manifesta a respeito da situação. Encara a relação da irmã com maus olhos. Solteiro, gosta de curtir a vida sem apegos amorosos.

Irmã

Nome: Karen

Idade: 23 anos

Dados: Filha mais nova, formada em Turismo, não aceita de forma alguma o romance homossexual da irmã Fernanda. Por ter sido muito apegada à irmã desde a mais tenra idade, sofre muito.

Histórico

Fernanda percorre os corredores do hospital que a essa hora da madrugada está deserto e quieto. Faz muito frio nessa noite de agosto. Lá fora, a neblina embaça os vidros do saguão do sétimo andar. A moça aproxima-se da janela e olha a avenida que, mesmo àquela hora, mostra-se movimentada.

"Que faço agora? Como vou explicar isso tudo para a minha família? E minha filha? Como vou dizer a uma criança de 4 anos a realidade da vida? Não. Não vou dizer a ela do que o pai dela é capaz. Mas, meu Deus, o que ele achou nas drogas, na bebida?"

Enquanto pensava assim, lágrimas escorriam vagarosamente de seus olhos.

"Oh, meu Deus! E essa médica que não chega. Como é mesmo o nome dela?"

Inquisitivamente olha as anotações dos pacientes daquele andar. "Ah! doutora Nadine. Dona Santinha está tão mal, coitadinha. Acho que não vai aguentar muito não".

Suspirando, dirige-se à sala de enfermagem. Percebe que a noite está anormalmente sossegada. Senta-se e fica recordando seu casamento com Feliciano. Cinco longos anos de relacionamento patético e sofrido. Encontros e desencontros constantes de pensamentos, modos de ver a vida, sonhos e objetivos.

Na realidade, Fernanda nunca entendeu o seu próprio casamento. Por que se casou? Por afinidade? Não. Por amor? Talvez. Porque as famílias esperavam por isso? Também. Tantos anos de namoro, desde os seus 15 anos. O resultado disso? Uma filha linda. Mas não havia a mínima condição de continuar esse erro. Não. Não dava para aguentar toda a violência a que estava sendo submetida.

Era praticamente violentada pelo marido todos os dias. As agressões físicas estavam cada vez mais fortes. Os colegas já percebiam as marcas que ele deixava em seu rosto, em seus braços. Eles só não podiam ver as marcas profundas em seu interior, em sua alma. Mesmo seus pais, já há algum tempo, vinham lhe perguntando o que estava acontecendo. Mas ela, sempre discreta, e porque não dizer envergonhada, disfarçava e respondia com evasivas.

Feliciano há muito não aparecia na casa dos sogros e nem de seus pais. Não estava trabalhando e Fernanda não tinha ideia de onde ele passava seus dias. "Mas hoje passou dos limites. Chega!", pensou ela sufocando um soluço que teimava em subir de dentro do peito.

De repente, o sinal de emergência soa.

— Meu Deus! É o quarto de dona Santinha. E essa médica que não aparece!

Fernanda sai apressada para o corredor e quase se choca com uma moça que estava entrando na sala de enfermagem.

— Eu sou a doutora Nadine.

— Graças a Deus, doutora. Estamos com uma emergência. Acompanhe-me, por favor.

E, assim, ambas se apressaram para tentar salvar uma vida que já estava por um fio. Infelizmente não foi possível. Nadine usou todos os recursos possíveis, mas não conseguiu deter a roda da vida. Não daquela vez. Fernanda estava bastante treinada para que não ficasse afetada com perdas, mas naquela noite não foi assim.

Tudo terminado, ambas se entreolharam com atenção pela primeira vez. Fernanda viu um semblante muito abatido de uma linda mulher. Através de seus olhos marejados pode perceber que Nadine sentou-se em uma cadeira à beira do leito da paciente morta e, suspirando, olhou tristemente ao seu redor. Minutos depois a médica, levantando e alisando a roupa murmurou:

— Quando terminar o seu plantão, vamos tomar uma xícara de chá no refeitório? Eu também estou cansadíssima, mas acho que você está precisando mais do que um chá. Eu não tive ainda a oportunidade de conhecer muita gente aqui dentro ainda, sou recém-contratada. O que você acha?

Fernanda, enxugando os olhos e ainda bem abatida, ficou surpresa, mas timidamente sorriu e aceitou.

Terminado o plantão se dirigiu ao refeitório e lá encontrou Nadine com uma xícara de chá fumegante. Fernanda sentou-se ao lado dela e, como por um milagre, em poucos minutos estava contando sua vida àquela estranha. Todos seus sofrimentos, suas mágoas, sua desesperança. E Nadine, com seus olhos imensos cor de avelã, parecia compreender cada detalhe do que estava escutando. Uma hora e meia depois, Fernanda despediu-se de Nadine sentindo que tinha agora uma amiga.

E estava certa. Foi essa amiga que a acolheu quando, desesperada após uma surra do marido drogado, resolveu abandonar tudo. De seu, só levou a filha.

Fernanda não queria de forma alguma voltar à casa paterna. E primeiro lugar, porque era independente demais para isso. Segundo, porque não queria ficar a mercê das possíveis investidas do ex-marido. E em terceiro lugar, porque não queria conviver novamente com o pai. Muito preconceituoso, não era homem de aceitar divórcios e separações. Fernanda adiou muito essa separação por causa dele.

Havia ainda outro fator que pesava nessa decisão: não queria dar mais despesas à sua mãe, que mais uma vez sustentava a casa sozinha. Sendo assim, aceitou a oferta de Nadine de dividirem o apartamento onde morava.

Quando comunicou aos pais a separação, não foi acolhida com apoio. O pai, muito chocado, trancou-se no quarto sem dizer uma palavra sequer. A mãe, olhando cansada para a filha, recomendou:

— Espero que você saiba bem o que está fazendo. Sua filha tem só 4 anos. Um dia ela vai lhe cobrar essa sua atitude. Só porque teve um desentendimento com seu marido já vai se separando? Eu sempre aguentei tudo por causa de vocês. E sabe por quê? Porque meus filhos sempre foram tudo para mim. Mas, já que você decidiu assim, sem perguntar nada para ninguém, então que seja feliz. E não vá começar a namorar qualquer um só porque está separada. Cuidado para não virar prato feito para qualquer vagabundo.

Para espanto de Fernanda, o marido nunca a procurou. Nem mesmo quando foi acionado pelo advogado para dar início ao processo do divórcio. Alguns meses depois soube que ele havia sumido. Deixou alugado o apartamento onde haviam morado juntos e nem seus pais tinham a menor ideia do seu destino. Em nenhum momento procurou a filha.

Durante meses, Fernanda viveu momentos de muita angústia, principalmente quando Patrícia procurava pelo pai. Com a ajuda de Nadine conseguiu encontrar uma moça para ajudar a tomar conta de sua filha. Com o tempo, percebeu que se apoiava cada vez mais na amiga. Era ela quem a aconselhava quando afundava na desesperança e na angústia. Procurava mergulhar no trabalho e na dedicação à sua filha.

Nadine era uma mulher alegre e gentil. Nascida em Porto Alegre, possuía aquele sotaque cantado, inconfundível. Filha de uma família bem estabelecida economicamente, com mais três irmãos, tinha vindo para São Paulo para se aperfeiçoar em sua área. Já havia conquistado vários amigos, mas para estranheza de Fernanda, nenhum namorado.

Todo final de semana em que ambas conseguiam folga no hospital Nadine inventava vários programas e sempre convidava Fernanda que, invariavelmente, recusava. Não queria correr o risco de se envolver com alguém. Até que certo domingo Fernanda convidou Nadine para conhecer seus pais. Ela aceitou radiante. Por acaso estavam todos em casa, inclusive Pedro que havia chegado do Rio de Janeiro. Nadine encantou os pais de Fernanda com sua alegria e comunicação.

Ao cair da tarde, quando já estavam se despedindo, Pedro chamou Fernanda no quarto. Olhando bem para a irmã, disparou:

— Qual é a sua? O que você está fazendo ao lado dessa sapatão? Será que você não percebeu nada, não? Ou será que sou eu que estou por fora na nova onda da irmãzinha?

Fernanda, chocada, sentou-se na cama.

— O que você está me dizendo? Você está louco, Pedro? De onde você tirou essa ideia?

— Ora queridinha, basta ver como ela olha para você. Não sei como os velhos ainda não notaram. Até a Karen, que é uma babaca de carteirinha, ficou desconfiada. Então foi por isso que você abandonou o maridão, não é? Por isso que ele sumiu no mundo. Também, ser traído pela mulher e ainda por cima com uma sapatão. Agora eu entendo.

— O que você está falando? Você não sabe nada da minha vida. Vocês nunca se preocuparam em saber se eu era feliz ou não com aquele traste. Como você pode pensar coisas de mim sem saber? Por que você está chamando Nadine de sapatão? De onde você tirou essa ideia?

— Mas, está claríssimo. Ela não deixa dúvidas a esse respeito, principalmente com toda a atenção que dispensa a você e à Pat. Depois, cara irmã, eu tenho faro para isso. Não precisa ficar negando. Eu vi. E isso basta.

Fernanda, atônita, não sabia mais o que falar. Mil pensamentos cruzavam sua mente trazendo suspeitas e, ao mesmo tempo, toda sorte de emoções a respeito da amiga tão querida. Levantou-se, sem se despedir do irmão, saiu do quarto e estava resolvida a não demonstrar nada do que havia ocorrido.

Despediram-se e entraram no carro para retornar para casa. Fernanda, muito quieta, só respondia à tagarelice de Patrícia. Nadine, passando os dedos pelos longos cabelos loiros em um gesto característico seu, olhava de viés para a amiga.

— O que foi que aconteceu? Fiz alguma coisa errada? Falei alguma coisa que não devia? – perguntou ela.

Fernanda olhou nos olhos dela e respondeu.

— Eu preciso muito falar com você, mas não agora. Depois que a Pat estiver dormindo nós conversamos.

Depois disso virou o rosto para a janela do carro e trancou-se em um mutismo férreo.

Já em casa, com a filha acomodada no quarto, Fernanda dirigiu-se à sala. Nadine, que assistia a um programa de TV, olhou firme e inquisitivamente para a amiga. Fernanda, por sua vez meio sem graça, sentou-se na ponta extrema do sofá.

— Hoje aconteceu uma coisa lá em casa que eu não sei muito bem como falar para você – murmurou.

— Como assim, não sabe como me falar? Desde quando temos esse tipo de problema entre nós? Vamos, fale! O que foi? Eu fiz alguma coisa que não devia? Ofendi alguém? – retrucou Nadine com um sorriso meio irônico.

— Não, em absoluto. É que meu irmão veio com uma conversa muito estranha. Ele disse que você... Ah! Deixa pra lá. Ele é muito sacana, isso é que é. É bobagem, esquece – esquivou-se Fernanda, levantando do sofá e se dirigindo para a cozinha.

— Mas afinal, o que foi que ele disse? O que ele falou sobre mim? – pergunta a médica.

— Como você sabe que era sobre você que ele falou? – retruca Fernanda estancando a meio caminho.

— Querida, foi você mesmo que disse. Disse ainda que ele é muito sacana. Sobre o que ele preveniu você a meu respeito?

— Ele não me preveniu de nada. Ele só falou bobagens a seu respeito. Não quero mais discutir sobre isso – e assim falando entrou na cozinha.

— Eu não acho que entre nós esse assunto pode ficar assim, sem maiores explicações. Eu sei bem o que ele falou a meu respeito. O que para mim é ótimo. Vamos lá Fernanda, diga, tenha coragem. Ponha para fora o que a está perturbando tanto. Desde que saímos da casa de seus pais que você está com esse ar de espanto. Vamos, mulher, diga logo o que lhe preocupa! – encorajou Nadine.

— Ah, mas você não sabe o que ele disse sobre você. Mas não sabe mesmo! – diz Fernanda tomando um copo de água.

— Posso adivinhar? Quer que eu adivinhe? Quanto você me paga se eu acertar? – pergunta Nadine levantando-se do sofá e dirigindo-se também à cozinha.

Para na porta e olha diretamente nos olhos de Fernanda.

— Não quero brincar com isso. O meu irmão sempre foi assim. Ele é muito maldoso e, muitas vezes, extremamente grosseiro. Por isso eu acho que o que ele falou é pura perversão. Esquece.

— Não, não, querida. Eu sei exatamente o que ele lhe falou a meu respeito. Ele disse a você que sou lésbica. Não é isso? Estou certa?

Fernanda ficou muda de espanto e olhou para a amiga.

— Como você adivinhou? O que ele andou falando com você? Quando ele falou com você que eu não vi? – pergunta ela quase sem voz.

— Minha querida, conheço seu irmão de outros carnavais. Há mais ou menos um ano eu estive no Rio fazendo um congresso médico e fiquei na casa de um colega meu, também médico, lá de Porto Alegre. Esse rapaz é amigo de seu irmão Pedro, que vi poucas vezes, mas que tentou dar em cima de mim. Fugi o que pude das cantadas dele até que esclareci a ele minhas preferências no campo amoroso. Não gosto de homens. Jamais gostei. É amiga, nasci mamão-macho. E fique sabendo que me amo muito, assim como sou. Já tive que comprar muita briga com minha família e com meus relacionamentos profissionais. Mas sou assim, nasci assim, não vou e não quero mudar – desabafa Nadine de um fôlego só, com um tom amargurado na voz.

Fernanda, incrédula, percebe-se escorregando de mansinho sobre o assento de uma das cadeiras da cozinha. Lágrimas afloram em seus olhos. Esconde o rosto com as mãos. Nadine se explica:

— Por favor, me perdoe. Eu nunca tive coragem de abrir o jogo com você. Sabia que você iria me desprezar, por isso nunca deixei que percebesse. Mas todo esse carinho que tenho por você é verdadeiro. Nunca pensei em envolvê-la, mas eu te amo. O que eu posso fazer? Eu te amo desde a primeira vez, lembra? Aquela noite, no hospital, quando olhei nos seus olhos cheios de sofrimento e de dor, senti algo tão forte, tão poderoso que não consegui mais tirar você da minha cabeça.

— Mas, por que você nunca me contou? Por que você me fez de idiota, de palhaça na frente de todo mundo? Quem mais sabe disso? Você tem ideia de que se meu ex-marido souber disso posso perder a guarda da Patrícia? Por que você fez isso comigo, Nadine? Por quê? – grita Fernanda transtornada, afastando-se da médica.

— Porque eu te amo. E não me venha com gritos. Ninguém sabe lá no hospital. Eu, pelo menos nuca dei razão para que alguém desconfiasse de alguma coisa. Tomei muito cuidado porque me apaixonei por você desde o primeiro dia. Por favor, não me rejeite. Eu não tenho culpa disso. Eu nasci assim e me amo dessa forma. Desde meus 12 anos eu me percebi voltada para outras mulheres.

Não sou uma aberração. Quantas gays você já tratou lá no hospital durante todos esses anos? Eram pessoas diferentes? Por acaso sofriam de modo diferente do que os outros? Sorriam, comiam, choravam de um modo diferente do que os outros? Não, não é? Nós somos iguaizinhas a todo mundo. Nossos corpos e almas sentem da mesma forma do que os héteros. Só no espírito é que é diferente – desabafa Nadine.

Fernanda, atônita e emudecida, olha para a amiga. Esta, meio que disfarçando, tenta esconder lágrimas que teimam em escorrer dos seus olhos. Mil pensamentos cortam o cérebro de Fernanda. Mil questões.

"E agora?", pensa ela. "O que eu faço? Como vou explicar isso à Pat. Meu maldito irmão tinha razão. Ela é mesmo sapatão. E meus pais, o que vão dizer de tudo isso? E para onde eu vou com minha filha? Eu gosto tanto de morar aqui. Eu gosto tanto de Nadine. Eu não quero ficar longe dela.

Meu Deus, o que eu estou pensando? Estou confusa. É isso, estou cansada. Mas, como ela sofre, coitada. Não posso rejeitá-la. Não consigo. De uma certa forma, também a amo. Ela foi a única pessoa que me ajudou a sair daquele inferno que era minha vida com Feliciano. Se tenho paz, conforto e sossego para criar minha filha, devo isso a ela.

Mas, eu não sou homossexual. Nunca fui. Apesar de que, na verdade, não quero mais saber de homens. Aliás, pensando bem, nem sei por que me casei com aquele traste. Os homens são fracos, desleais e brutos. Só de pensar em sofrer na cama tudo o que sofri com aquele traste me dá vontade de vomitar".

Nadine havia voltado para a sala. Triste e cabisbaixa acendeu um cigarro. Sentou-se no sofá olhando para a TV sem nada ver.

— E então, o que você pretende fazer? – pergunta soltando uma longa baforada.

Fernanda vai para a sala, se senta olhando para a amiga e pergunta:

— Quando você descobriu que era lésbica?

— Ora, Fê, isso não se descobre assim. Não é assim, de estalo. Tchum, sou lésbica. A revelação vem aos poucos. Comigo foi assim. Minhas amiguinhas do colégio viviam suspirando por rapazotes. Eu não. Elas iam aos bailes esperando dançar com fulano, com sicrano. Eu não. Minha mãe vivia me arrumando namoradinhos, filhos de suas amigas, mas eu sumia sempre que podia. Sérgio, Roberto e Felipe, meus irmãos, viviam caçoando de mim. Eles achavam que eu era muito envergonhada.

De início, eu também pensava assim. Mas, com o passar do tempo, fui percebendo que eu gostava mesmo era de estar junto das minhas amigas. Eu comecei a sentir impulsos de abraçá-las, de beijá-las de certo modo diferente. Você bem sabe que sou muito vaidosa. Você também comenta isso. Eu sempre queria roupas novas, vivia inventando moda para valorizar meus atributos físicos, meus olhos, minha boca carnuda, meus peitos e minha bunda.

Minha família nunca percebeu nada a respeito do minha homossexualidade. Eu fazia tudo isso não tendo em vista os rapazes, mas sim, minhas amigas. Queria que elas me desejassem como eu as desejava.

E Nadine foi narrando para Fernanda toda a sua saga. Relembrou, com muita emoção, todos os seus passos na descoberta da sua homossexualidade. Chorou muito ao recordar a decepção e a dor que havia provocado em seus pais. Narrou amargamente a rejeição de seus irmãos, gaúchos *mui machos*. De ficar isolada por todos. Da perda de suas amigas que fugiram dela assim que souberam da verdade. De sua revolta por não entenderem. Lembrou-se até de suas tentativas frustradas de namorar este ou aquele colega de escola. E de como sua autoestima tinha ido para o poço.

Somente durante o curso de medicina é que foi se entendendo, aos poucos. Estudou muito sobre homossexualidade e suas causas. Passou a se compreender um pouco melhor, mas não o suficiente. Só o bastante para começar a se aceitar e voltar a se amar. Foi quando conheceu Paula, uma psicóloga que a ajudou muito a eliminar a angústia por se perceber diferente das outras mulheres.

— Foi quando eu percebi que era um ser humano como qualquer outro. Somente minha maneira de amar é diferente daquilo que se tem como padrão. Hoje não luto mais para ser o que não sou. Ou melhor, sou diferente, mas não sou mais nem menos do que qualquer mulher heterossexual. Sou plena como ser humano. O meu azar é que fui me apaixonar por você que não é "entendida" – desabafa Nadine com um travo de amargura na voz.

— Entendida? Que diabos é isso? – pergunta Fernanda.

— Ah! Desculpe a ironia. É assim que brincamos entre nós. Mas foi sem maldade – arremata Nadine.

Fernanda, que ouviu a amiga sem fazer um comentário, sentiu que precisava dizer alguma coisa, mas não sabia o que falar. Nadine, interpretando o silêncio da amiga como rejeição propôs:

— Eu entendo que, agora, você, como todos em geral, me despreza e quer pular fora daqui. Mas eu lhe peço que não faça isso. Não sem antes refletir. Eu sei que você está com muitos problemas, mas pense na Pat. Eu amo essa menina como se fosse minha filha também. Ela não precisa saber nada sobre mim. Com o tempo nós arrumaremos um lugar para vocês duas e então...

Fernanda corta suas palavras e dispara:

— Não. Você não me entendeu. Só estou calada porque estou confusa com tudo o que foi dito aqui. Mas não desprezo você. Em hipótese alguma. Eu também gosto muito de você, mais do que qualquer pessoa que já conheci. Não quero ficar distante. Não vou embora. Não por enquanto.

Só que minha cabeça está rodando. Você tem razão quando diz que os homossexuais que tratei no hospital não eram diferentes. Não eram mesmo. Mas tenho que reconhecer que nunca estive nessa situação de ser amada por uma mulher. Amada assim, como um homem ama uma mulher. Isto é estranho.

— Então... Você fica. Que bom. Prometo que não vou importunar você em nenhum momento. Só espero que continuemos amigas da mesma forma. Vou continuar amando você e a Patrícia, mas discretamente, sem comprometimentos – desabafa Nadine, aliviada.

— Está certo, minha amiga. Mas acho melhor irmos dormir que a madrugada já está alta e amanhã temos que pegar cedo no batente. Boa noite, Nadine!

Fernanda se levanta e dirige-se para seu quarto de dormir onde sua filha já estava.

Os meses se passaram. Fernanda foi conhecendo aos poucos toda a história de vida de Nadine. Muitas vezes choraram juntas. Muitas vezes riram juntas. As desventuras de cada uma, os amores, as alegrias e as decepções que haviam colhido durante a vida fortaleceram o elo entre elas.

A cumplicidade desabrochou até o dia em que Fernanda se descobriu amando verdadeiramente Nadine. Aos poucos, foi percebendo que o sentimento que nutria não era apenas uma forte amizade entre duas amigas. Certo dia percebeu-se desejando Nadine. Há tanto tempo sem impulsos sexuais, Fernanda estranhou e evitou as forças de seu corpo. Reprimiu sua libido com determinação. Meses seguidos foi vitoriosa em seu objetivo. Mas certo sábado, em uma festa GLS[27], em que ambas compareceram, percebeu-se morta de ciúmes de Valéria, uma amiga homossexual de Nadine.

Valéria, evidentemente, estava apaixonada por Nadine. Jornalista brilhante, sabia encantar as pessoas como ninguém. E Nadine parecia estar adorando tanta atenção. Fernanda, a princípio, tentou ignorar seus sentimentos de

---

27 GLS era o acrônimo para gays, lésbicas e simpatizantes na época em que a Dra. Solange escreveu este livro. Atualmente existem vários acrônimos para representar a comunidade. N.E.

raiva em relação à jornalista. Mas quando desconfiou que Nadine pudesse estar se envolvendo com Valéria resolveu assumir que amava a médica verdadeiramente.

— Como dizem por aí, eu não sou lésbica, mas estou lésbica – murmurou Fernanda entre os dentes no ouvido de Nadine.

A médica, entre surpresa e feliz, perguntou baixinho:

— O que você está me dizendo? O que você quer dizer com "estou lésbica"? Você...

— Isso mesmo que você está entendendo. Eu estou amando você como se ama um amante. Com meu coração e meu corpo. E não estou achando graça nenhuma nessas investidas que a Valéria está fazendo em cima de você. Vamos para casa? – resmungou Fernanda.

E assim, ambas assumiram um relacionamento mais profundo. Assumiram uma união. Assumir a relação com Nadine trouxe a Fernanda todos os problemas que ambas já haviam previsto. Seus pais, horrorizados, não aceitaram de forma alguma a relação. Não as recebiam em casa. Pedro ameaçou procurar Feliciano para que salvasse a menina daquele antro. Karen fingia que não sabia dos fatos. A irmã, que ela tanto amara, fora esquecida.

Objeto de muitos comentários no hospital apesar da discrição total que mantinham sobre seu relacionamento, o fato criou situações embaraçosas em várias ocasiões. Apesar disso, Fernanda só se preocupava em não saber como explicar para a filha o seu relacionamento. O medo de confundi-la, aliado ao pavor de perdê-la para o marido, inibia qualquer tentativa de esclarecimento. Foi principalmente por esse motivo que resolveu procurar ajuda psicológica.

— Eu não sei como explicar para minha filha o nosso casamento. Na escola, ela só tem amiguinhas que têm papai e mamãe. Como explicar que somos um casal? A cabeça dela vai dar um nó. Já não chega o pai que nunca mais se interessou por ela. Meus pais não querem mais nos ver. Com isso, ela ficou privada da convivência com os avós. Eu noto que ela me olha de modo estranho quando nos vê trocando carinhos.

Ainda que se tome todo cuidado para que ela não perceba que somos um casal, eu sinto que ela desconfia de alguma coisa. Está com quase 8 anos de idade e não é boba. Eu preciso de ajuda. Deve haver alguma explicação para esse impulso, para esse amor incontrolável que sinto por você. Nunca na minha vida eu me imaginei nessa situação. Às vezes me sinto tão mal que penso em terminar tudo entre nós. Mas não consigo. Te amo demais – Fernanda desabafa chorando certa noite.

— Eu acho que você deve mesmo pedir ajuda. Deve procurar uma psicóloga como eu fiz quando estava me debatendo para saber o que eu verdadeiramente era. Paula foi direto ao ponto comigo. Ajudou-me muito. Com ela passei a me amar e a me respeitar. Pena que ela só atenda em Porto Alegre. Mas, por aqui, existem muitas psicólogas que poderão ajudar você. Eu acho que deve procurar amanhã mesmo alguém para tirar você desse tormento. Não quero correr o risco de perder você por bobagens da sua cabeça. Também te amo muito – aconselha Nadine.

Procedimento Terapêutico

Após alguns dias dessa conversa, Fernanda chegou ao consultório apresentando uma expressão facial que poderia ser definida como um misto de timidez e arrogância. Inicialmente falou muito de sua vida conjugal. Explicitou dezenas de vezes o quanto havia sido maltratada pelo ex-marido. Detalhou os problemas, as dores e o desespero que havia passado por causa dele. Em seguida, se mostrou como uma boa mãe, preocupada com a filha e seu futuro. Declarou, solenemente, o quanto amava Patrícia, o quanto pensava em seu bem-estar.

Repentinamente entrou em pranto convulsivo. A seguir, em voz quase inaudível, falou sobre seu relacionamento com Nadine. Muito abalada, queria saber até que ponto era homossexual. Até que ponto sua opção estava acabando com sua vida e a de sua filha, e o que fazer com o amor que sentia. Uma pergunta feita por ela demonstrou bem seu estado de espírito naquela época.

— Você me despreza por isso, doutora?

Tranquilizada sobre os sentimentos da psicóloga, se desarmou e até chegou a sorrir. Porém, custou a relaxar durante o exercício vivencial. Não conseguia se concentrar nas palavras de comando. Não conseguia deixar o corpo solto. Cruzava constantemente os tornozelos. Respirava em curtos sopros, colocava as mãos apertadas sobre o peito indicando claramente uma atitude defensiva. Mas, vagarosamente, foi aprendendo a descontrair e confiar na terapeuta. Findo o exercício declarou estar se sentindo bem melhor.

— Agora quero mesmo saber mais sobre mim. Não estou mais com medo. Vamos até o fim com tudo isso, não é doutora?

Primeira Sessão (Núcleo Terapêutico)

Fernanda chegou feliz na primeira sessão de Regressão de Memória. Inicialmente prendeu-se à sua adolescência.

Paciente: Estou na festa dos meus 15 anos. É muito simples porque não temos dinheiro. Mas mamãe fez questão de encomendar um bolo. É todo cor-de-rosa. Eu havia me esquecido disso. Meu vestido também é cor-de-rosa. Minhas colegas da escola estão aqui. Feliciano também está aqui. Ele acabou de chegar. Namoro ele só para provocar Regina, que é muito metida a gostosa. (Silêncio prolongado.)

Terapeuta: E o que acontece agora? Prossiga.

Paciente: Não sei. É estranho, mas estou em uma praia. Mas não é... Estou toda vestida de preto. Tenho um lenço amarrado na cabeça, preto também. Estou olhando o mar azul, muito azul. Acho que sou velha. Estou esperando alguma coisa, mas não consigo descobrir o que é. (Silêncio.)

Terapeuta: Você está se vendo como uma senhora vestida de preto, em uma praia, esperando que aconteça alguma coisa. Pergunte ao seu inconsciente o que você espera acontecer. Um, dois, três. O que lhe vem à mente?

Paciente: Espero pelo meu sobrinho. Ele é pescador. Ele deve estar chegando. Mas estou preocupada porque ele está demorando.

Terapeuta: Ele está demorando? Onde você está? Que praia é essa? Um, dois, três. O que lhe vem à mente?

Paciente: (Silêncio prolongado.) É na Itália, acho. Eu sinto que é na Itália. Oh! Meu Deus! A tempestade chegou. E meu menino, onde está ele? (A boca se contrai. Chora baixinho. Fica em silêncio um bom tempo). Ele morreu! Meu menino morreu! Por que, Deus? Ele era tão novo! Era a minha única riqueza. (Silêncio somente interrompido pelos soluços.)

Terapeuta: Seu sobrinho morreu. Você o amava muito?

Paciente: Porque era como se fosse meu filho. Eu nunca tive filhos, nunca me casei. Ele era filho da minha irmã, Beatrice. Ela já morreu. Também, depois de tanto sofrimento... *Poverella!*

Terapeuta: Você disse que nunca se casou. Por quê?

Paciente: *Per che io ho paura!* (E desenfreou a falar no que parecia ser um dialeto italiano. Muito rápido e incompreensível).

Terapeuta: Por favor, você está falando uma língua incompreensível para mim. Traduza para o português o que você acabou de dizer agora. Pergunte ao seu inconsciente como fazer isso. Um, dois, três. O que lhe vem à mente?

Paciente: (Fica em silêncio por alguns segundos. Franze a testa.) O que eu disse é que eu tenho medo. Tenho muito medo de casamento. Os homens são perigosos. Só meu menino que eu criei, só ele é um bom homem. Mas agora ele morreu. (Cala-se e chora de mansinho.)

Terapeuta: O que causou a morte de seu menino? Que idade ele tem? Conte mais a respeito desse momento que você está vivenciando.

Paciente: Ele morreu por causa da tempestade. O barco dele virou. Todos os três morreram. Meu sobrinho e seus amigos. Morreram afogados. Eu estou com o corpo dele aqui, em meus braços. Os outros pescadores o trouxeram para mim. (Chora bem baixinho. Silêncio prolongado.)

Terapeuta: Retorne ao passado dessa vivência. Vá a época em que seu sobrinho tinha 5 anos. Descreva tudo o que puder observar. Um, dois, três. O que lhe vem à mente?

Paciente: (Muito tempo em silêncio.) Estamos na cozinha de casa. Está frio lá fora, Francesco brinca com uma espada de madeira. Fui eu que fiz para ele. Minha irmã está sentada ao lado do fogão porque é mais quente. Ela é paralítica, coitada. Apanhou muito daquele desgraçado do marido dela. Por isso que eu nunca quero me casar. Já tive um *fidanzato maledetto* que toda vez que bebia queria quebrar meus dentes. *Porco cane.*

Terapeuta: Prenda-se ao idioma português. Continue a descrever a cena. Seu sobrinho brinca com a espada de madeira que fez para ele. O que acontece agora?

Paciente: Nada, estou fazendo uma sopa. Não. Um pirão de peixe. Sabe, Francesco é um menino lindo. (Sorri com afeto.) Beatrice é que está sofrendo. Não sei o que ela tem. Não quer comer nada. (Silêncio.)

Terapeuta: Prossiga no tempo. O que acontece agora?

Paciente: Minha irmã morreu. Agora só ficou eu e o meu menino. O pai dele, *maledetto...* maldito... também já morreu de tanta bebedeira. Francesco já está crescidinho. Tem 10 anos. É o mais bonito da aldeia...

Terapeuta: E você, como é? Que idade tem? Descreva.

Paciente: Eu? Acho que tenho 40 anos. Mais ou menos por aí. Não sou muito bonita, não. Tenho as mãos muito feias. Mas não me importo com isso. Beatrice, em compensação, foi a mais bela da região. Meu sobrinho puxou a mãe. Tem olhos lindos!

Terapeuta: Olhe bem para os olhos de seu sobrinho. Você reconhece alguém que tenha os mesmos olhos na vida atual? Um, dois, três. O que lhe vem à mente?

Paciente: (Silêncio.) Não sei. Até acho que sim, mas não quero ver isso agora. Não vou pensar nisso. Não agora. Estou cansada. Quero ir embora... Vamos parar aqui.

Terapia de Apoio — Síntese

Findo o Retorno, Fernanda ficou alguns momentos sorrindo, embevecida pelas lembranças. Logo em seguida, comentou:

— Para mim foi uma experiência tão forte que eu não tinha como imaginar. Sei que vivi isso. Sinto que não é imaginação minha. E eu que falei naquela língua esquisita? Sabe, eu acho que a língua era o napolitano. Será? Nunca aprendi esse idioma. Mas ela vinha à minha mente naturalmente. Custei até a entender a ordem que você me deu de só falar em português. Eu não percebi que estava falando em outra língua.

— Isso pode acontecer algumas vezes. Não é comum, mas, eventualmente, ocorre. Já assisti a uma Regressão de uma colega minha que falava um dialeto chinês. Tive também conhecimento de outros casos em que ocorreu o fenômeno da xenoglossia [28]– esclarece a terapeuta.

— Isso é muito interessante. Mas o que mais me impressionou foi que eu conheço aqueles olhos. Mas tive medo

---

28 Xenoglossia consiste no falar, de forma espontânea, em língua ou línguas, que não teriam sido previamente aprendidas. No Espiritismo, por exemplo, os médiuns que possuem esse dom, quando em transe, falam idiomas que lhes são inteiramente desconhecidos e, muitas vezes, desconhecidos dos presentes (N.E.).

de identificar de quem eles são. Por isso não quis continuar a Regressão. Mas, agora, eu tenho quase certeza – rebateu Fernanda.

— E de quem é aquele olhar? Não tenha medo de esclarecer de quem são aqueles olhos. Diga em voz alta para você mesma quem é essa pessoa. Isso pode ser parte importante do seu processo terapêutico.

— Não doutora, hoje não. Eu quero ir para casa e tentar organizar minhas emoções. Estou muito confusa com tudo que senti aqui. Não sei o que dizer. Preciso de um tempo.

Segunda Sessão (Núcleo Terapêutico)

Fernanda chegou muito abatida. No transcorrer daqueles 15 dias muita coisa havia acontecido. Em primeiro lugar, soube que seu ex-marido havia morrido. O corpo de Feliciano havia sido encontrado, baleado com mais de dez tiros, em uma estrada vicinal na Bahia. Com certeza havia sido executado. Mas, por quê? Por quem? Fernanda perguntava-se a todo o momento. Precisou de enorme força moral para contar para filha o sucedido.

Em segundo lugar, os pais de Feliciano, transtornados, a culpavam pela infelicidade do filho e ameaçavam tirar a guarda da menina, já que tinham tomado conhecimento da "pouca vergonha que era viver com uma sapatão".

Patrícia chorava a perda do pai, que já não o via há quase três anos, e pelo medo de ser separada de Fernanda, já que Cleontina, sua avó paterna, tratou de esclarecer a menina do que pretendia e porque pretendia. Falou muito em tirá-la da podridão que sua mãe a havia exposto.

Fernanda sentia-se em meio a um turbilhão de sentimentos. Sua família também a acusava de libertinagem. Feliciano, aos olhos de todos, havia se tornado uma vítima. Apesar dos fatos, Fernanda se unia cada vez mais a Nadine. Era ela quem a apoiava e entendia todo seu sofrimento. Após contar tudo isso, disse:

— Eu a amo mais do que a mim mesma. Hoje eu posso dizer que a amo com todo meu coração. Que posso fazer se ela é uma mulher e não um homem? Foi com ela que descobri o que significa a dedicação, o carinho e o companheirismo. Nunca tive isso de ninguém. O que fazer? Só sei que não vou desistir desse amor.

A sessão de relaxamento iniciou-se com Fernanda muito agitada. De repente, começou a tossir, parecia que estava engasgada. Perguntei a ela se preferia parar com o relaxamento. Apertando a própria garganta e falando baixinho, quase inaudível, disse:

Paciente: É ele. Ele está tentando me matar. Meu marido está me matando...

Terapeuta: O que ocorre? O que você está recordando? Quem é esse marido que a está matando? Feliciano?

Paciente: Feliciano? Que Feliciano? Não, não. É esse maldito que me odeia. (Tosse muito.) Já matou meu filho agora quer me matar também.

Obviamente Fernanda havia entrado em Regressão de Memória espontânea, sem nenhum comando por parte do terapeuta.

Terapeuta: Quem é ele? Descreva o que vê, o que sente, o que intui.

Paciente: Chama-se Alberto. (Chora, mas agora já fala sem se engasgar.) Casei-me com ele porque meu pai mandou. Alberto é rico, muito rico. Tem muitas terras, mas ele me odeia porque eu descobri um segredo dele. Por isso... (Silêncio.)

Terapeuta: Continue. O que acontece agora? Qual é esse segredo que você descobriu?

Paciente: Ele foi embora. Estou no meu quarto. Sou jovem e muito infeliz. Eu vi o Alberto fazendo coisas com o cavalariço. Eu os vi juntos, nus, lá nas cocheiras do meu sogro. Gritei e eles me viram. Depois... Apanhei muito do desgraçado. Apanhei tanto que meu filhinho nasceu morto. (Silêncio prolongado.)

Terapeuta: Você disse que estava no seu quarto. Onde fica essa casa? Onde você mora? Um, dois, três. O que lhe vem à mente?

Paciente: Eu moro aqui, ora essa. Eu moro na casa do meu sogro. A minha sogra já morreu; eu não a conheci. Só o senhor João, que é meu sogro muito velho e rabugento, mora aqui. (Silêncio.)

Terapeuta: E onde fica a casa do seu sogro?

Paciente: Onde fica? Ora, aqui no Brasil. Mas, meu sogro é português. O Alberto não. Ele é brasileiro como eu. Mas ele é muito mau. Muito mau mesmo. (Suspira tristemente.) Mas eu finjo que vou aguentando porque vou fugir antes que ele me mate. (Silêncio prolongado. Repentinamente começa a engasgar e arfar.)

Terapeuta: O que acontece agora? Não tenha medo. O que quer que você esteja vivenciando, mesmo que seja difícil de suportar, lembre-se que tudo isso está no seu passado. Não pode mais atingir você.

A paciente continua tossindo e aparenta estar se sufocando. Não consegue falar. Tosse e chora muito. Leva as mãos ao pescoço como para se livrar de algo que a incomoda. Nada diz.

Terapeuta: Acalme-se. O que aconteceu não pode mais atingir você. Saia da cena e, como se fosse um filme, observe o que acontece. Não sinta as sensações de sufocamento. Olhe a cena que você acabou de vivenciar como se estivesse de fora, ao longe.

Paciente: (Silêncio. Em seguida limpa a garganta com energia.) Ele me matou. Alberto me matou. Estou jogada no mato. Eu estava correndo e ele conseguiu me pegar. Mas, não sinto mais nada. Vejo meu corpo lá embaixo, como se estivesse pairando. É isso, parece que estou voando. (Silêncio.)

Terapeuta: O que mais você pode observar? Onde é esse lugar em que vê seu corpo? Fale mais sobre o que você pode observar.

Paciente: Só vejo meu corpo jogado no chão. Minha cabeça está em uma posição esquisita. Acho que o pescoço quebrou. É isso sim. Não vejo mais o Alberto, mas sei que ele fugiu correndo no cavalo dele. Meu corpo está jogado no meio de muito mato. Só isso.

Terapeuta: Você sabe me dizer em que lugar fica esse mato? É no Brasil mesmo?

Paciente: Claro que é aqui no Brasil, mas onde... Acho que é aqui em São Paulo mesmo. É o que parece. Não tenho certeza.

Terapeuta: Adiante-se um pouco na cena. O que você vê agora?

Paciente: Eu acho que é um enterro. Deve ser meu corpo que está sendo enterrado. Só... Estão lá umas pessoas que eu não conheço. Só o Alberto. Estão cobrindo a terra com umas flores amarelas. Detesto flores amarelas.

Terapeuta: Em que ano isso acontece? Um, dois, três. O que lhe vem à mente?

Paciente: 1800. Não, 1896. Heloisa, acho que esse é meu nome. Isso veio assim, direto na minha cabeça. Alberto e Heloisa.

Terapeuta: Qual foi o último pensamento que você teve ao perceber que estava morrendo? O que lhe veio à mente naquele momento?

Paciente: Medo, muito medo e ódio. Eu odiava Alberto e o pai dele. Só casei porque meu pai mandou. Eu não queria. Eu ainda os odeio. Sinto muito ódio do Alberto. Matou meu filho. Me matou. (Chora em silêncio.)

Terapeuta: Eu quero saber qual foi o seu último pensamento antes de morrer.

Paciente: Que eu odeio homens. Eles podem tudo. Eles só pensam neles. São maus, muito maus. (Murmura algo bem baixinho.)

Terapeuta: O que você disse? O que foi que acrescentou?

Paciente: Nada. Só que odeio. Odeio todos, meu pai, Alberto...

Terapeuta: Você gostaria de mudar esse sentimento? Ódio só faz mal para quem o sente.

Paciente: Mudar? (Silêncio prolongado.) Sim. Eu não gosto de odiar. Não quero odiar. Mas dói muito.

Terapeuta: Essa dor pode acabar se você transformar esse ódio em perdão. Você consegue perdoar seu pai, perdoar Alberto?

Paciente: (Silêncio.) Perdoar?

Terapeuta: Perdoar. Você gostaria de tentar?

Paciente: Posso tentar. Mas... Vou tentar perdoar. Só que sei... Vai ser difícil. Vou tentar... Está bem, vou perdoar meu pai, vou perdoar Alberto. (Silêncio prolongado. O cenho fechado, a paciente parece estar lutando com seus sentimentos.)

Terapeuta: Para que o perdão seja verdadeiro, para que o perdão possa surtir efeito em sua vida atual é necessário que você forme uma frase no presente que corresponda à sua decisão de perdoar e de se livrar da dor que esse ódio provoca em você. Vamos lá, elabore uma frase.

Paciente: (Silêncio prolongado. Então, sorri.) Eu perdoo o Alberto. Perdoo meu pai. Eles são pessoas muito infelizes. O Alberto tem aquele segredo e meu pai é um fraco. Eu os perdoo. Não quero mais sentir ódio e nem dor. (Silêncio novamente. Repentinamente se agita.)

Terapeuta: O que acontece agora? Por que você está agitada?

Paciente: (Continua em silêncio, mas sorri.) É que... Não é nada. Eu agora quero ficar um pouco quieta. Preciso ficar quieta. (Silêncio prolongado. Enfim, solta um longo suspiro.) Por hoje chega. Não quero mais nada. Chega, estou cansada.

Em seguida foi feito o Retorno com Fernanda voltando muito lentamente para o estado de vigília.

Terapia de Apoio — Síntese

Após algum tempo de silêncio Fernanda, já totalmente disposta, elaborou os pontos que, para ela, foram mais significativos.

— Acabo de descobrir porque nunca me dei bem com meu pai nesta vida. Eu penso que essa dor, esse ódio que eu trazia dentro de mim, que nada tinha a ver com ele, fazia com que eu me mantivesse longe. Eu sempre o achei um fraco, mas isso não era razão para que eu não gostasse dele. Ele não é uma pessoa fácil, mas hoje eu posso entendê-lo. É fraco, cheio de preconceitos. Mas, sabe-se lá quais foram as experiências pelas quais passou nesta ou em outras vidas.

Outro fator importante que descobri hoje é que o amor é a coisa mais importante para qualquer ser humano. Agora, aqui com você, falando conscientemente, consigo elaborar melhor e sinto que Alberto amava aquele empregado. Mas como poderia assumir esse amor? Como poderia explicar para o pai a realidade dele. Como dizer a ele que era homossexual?

Por isso eu o perdoo. De verdade. Percebo que ele se casou por imposição paterna. Meu pai, daquela vida em que fui Heloisa — sabe que eu era bem bonitinha? — também reagia como os homens daquela época: vendia a filha por um bom pedaço de terra. Não teve a oportunidade de aprender o que é o amor paterno.

— Você consegue perceber alguma conexão entre a vivência recordada hoje e a da última sessão? – perguntou a terapeuta.

— Conexão? Acho que sim. Nas duas vidas acho que não fui muito feliz. Os homens sempre atrapalharam a minha vida. Nas duas vidas fui maltratada por eles. E nessa também, não é? Feliciano também. Coitado, sempre foi muito infeliz. Não conseguia me amar, vivia revoltado. Não entendo por que ele era assim. Enfim...

— E que fatos, em sua opinião, se transformaram em aprendizados nessas duas vivências? – insistiu a terapeuta.

— Já sei onde você quer chegar. – respondeu sorrindo Fernanda — Talvez você acredite que hoje vivo com uma mulher. Sou amante de uma mulher porque só me dei mal com os homens por essas vidas afora. Mas posso lhe dizer com segurança, que não é por isso não. Esse fator pode até ter ajudado a me levar a amar Nadine, mas não foi a causa principal.

— Então, qual é a causa? Você não acha que ficaram em aberto certas questões da última sessão?

E o que mais você viu, sentiu ou intuiu no final da sessão de hoje? Eu tenho certeza de que você vivenciou algo que não quis contar. Você não quer falar agora, sobre tudo o que você percebeu nesta ou na outra sessão? Por que está tão reticente?

Quanto mais verbalizar sobre o que vivenciou mais rápido chegará ao fim de seu propósito que é se conhecer profundamente.

— Posso deixar para a próxima sessão? Eu aposto que vou lhe fazer uma surpresa quando eu voltar aqui. Antes, eu quero ter muita certeza de tudo. Só quero analisar melhor sem estar na frente de ninguém. Quero chegar a uma conclusão sozinha, totalmente sozinha. Está bem assim? Posso?

— Por que não? Você é a dona de suas descobertas. Esperarei ansiosa a próxima sessão.

Terceira Sessão (Núcleo Terapêutico)

Fernanda cumpriu o que prometeu. Passado quase um mês de sua última sessão apresentou a surpresa: trouxe Nadine com ela.

— Eu prometi que quando voltasse aqui traria uma surpresa. Pois bem, a surpresa é essa: Nadine! – anunciou entusiasmada.

Depois, continuando:

— Eu tenho certeza absoluta de que ela foi aquele menino, meu sobrinho na vida na Itália. O Francesco que eu tanto amava. Lembra que você me pediu que olhasse bem nos olhos dele? Perguntou se eu conhecia alguém que tivesse os mesmos olhos nessa vida?

Pois bem, na hora em que você disse isso percebi que os olhos eram os mesmos. Não eram parecidos, eram os mesmos. O jeito de olhar, a intensidade e a linguagem dos olhos do Francesco são idênticos aos de Nadine.

Confesso que, de início, pensei que fossem perturbações da minha mente. Por isso mesmo não quis falar nada na hora. Eu não estava preparada para reconhecer nada, nem ninguém, foi como um soco no estômago. Achei que estava pirando, que estava imaginando tudo isso porque amo Nadine. Mas, no decorrer daqueles dias, fiquei observando atentamente os olhos dela. Nadine até chegou a comentar comigo que eu estava estranha.

Depois, na segunda vivência – a da Heloisa, lembra? – já no final, na hora do perdão geral, de repente eu estava lá, naquela aldeia de pescadores junto com Francesco. A propósito, sabe como era meu nome naquela vida? Era Carmela. É. Foi assim que Francesco me chamou.

Estávamos em uma praia com muito cascalho. Ele ria muito e queria que eu molhasse os pés na água. Foi só uma visão rápida, mas uma lembrança muito forte. Eu percebi como amava aquele menino, mais do que a minha própria vida. Foi quando tive a certeza de que Nadine já viveu como Francesco. Por isso eu a amo tanto. Por isso não posso pensar em perdê-la – concluiu Fernanda.

— Realmente fico muito feliz por ver você tão segura, tão feliz. E você Nadine? O que acha disso? – perguntou a terapeuta.

— Quer saber de verdade? Posso falar aqui o que eu penso? Não quero que fique magoada, mas não acredito em nada disso. Eu não acredito em vida após a morte. Eu não acredito em reencarnação. A guria aqui quer, por força, que eu acredite que fui o tal menino. Se isso existe mesmo, que diferença faz para mim se fui ou não homem na outra vida? Eu sou o que sou. Mas, por favor, não vá me interpretar mal.

— Por que eu haveria de interpretá-la mal? Todos nós devemos ter nossas opiniões. Ouço muitas vezes essa colocação, não é nova e nem diferente. Devo esclarecer também que o fenômeno ocorre acreditando-se nele ou não. E o mais interessante é que a pessoa que passa por ele se modifica, eliminando o problema de uma forma rápida. É o que observo diariamente no meu consultório.

Quanto a você ter sido ou não aquele menino, o Francesco, é irrelevante no seu caso porque sua autoestima está em equilíbrio. Você se ama e se respeita. Para que precisaria ir buscar mais esclarecimentos sobre sua homossexualidade?

— É o que eu penso. Não preciso me justificar porque sou lésbica. Eu sou feliz assim. Por que deveria ficar buscando razões para explicar o que eu sou? Para explicar a minha homossexualidade, como você mesma disse? Estou bem assim. Já sofri muito no passado. Hoje não me aborreço mais e não fico magoada com as gracinhas que eu ouço. Sou feliz comigo mesma. Quantas pessoas podem dizer o mesmo? – acrescentou Nadine com um sorriso.

A sessão terapêutica continuou por mais de hora e meia. Nadine não mais interferiu. Os pontos que Fernanda quis deixar claro foram os seguintes:

- Descobriu que realmente amava Nadine, não só em função de um passado longínquo, mas por ela ser quem é hoje. Por sua alma, sua generosidade, por sua cumplicidade e por Nadine ser que a pessoa que Fernanda sempre procurou para compartilhar sua vida.

- Acredita que toda a sintonia que existe entre as duas pode ter se originado no passado, em que ela se descobriu como Carmela, que amava tanto Francesco.

- Não acredita que por ter sido muito infeliz nas mãos dos homens nas duas existências relembradas, e nessa existência também, foi a causa de seu atual relacionamento homossexual.

- Acredita que sua condição atual é opção, originada pelo amor que sente por Nadine. Antes, nunca havia sequer cogitado viver uma relação assim. Nunca percebeu em si mesma qualquer motivação homossexual. Mas hoje, em função do amor que sente por Nadine, é lésbica assumida.

- Não pensa em modificar o seu relacionamento e nem o abandonar apesar de todas as pressões que sofre.

- Acredita que poderá explicar à filha seu relacionamento, se é que ela já não percebeu. Em primeiro lugar porque não quer mentir para ela; e em segundo lugar porque pensa que, nos dias de hoje, Patrícia pode vir a assimilar mais facilmente a realidade de um casamento homossexual.

Fernanda havia conseguido esclarecer para si mesma as questões mais profundas que a trouxeram ao consultório. Feliz por ter chegado tão rapidamente ao ponto central de seus problemas, estava decidida a manter sua felicidade.

Diante desse quadro, a alta foi estabelecida.

ESTUDO DE CASO 4

MARIA ELISA

Nome: Maria Elisa
Idade: 55 anos
Profissão: Do lar
Sexo: Feminino

Observações: A paciente é uma mulher madura, viúva de Gabriel há dois anos. Após casamento de 35 anos assume um relacionamento homossexual com a amiga da adolescência. Mas procura entender a si mesma e a esse amor. Sua filha não aceita o fato. Seu genro a condena. As duas netas, que ela tanto ama, procuram entender e ao mesmo tempo fazer com que ela desista desse relacionamento. Por elas, Elisa está tentando desesperadamente achar uma justificativa para o amor que sente por Rita.

Constelação Familiar

A paciente tem uma filha, genro e duas netas.

Filha: Sara
Idade: 36 anos
Dados: Dona de um pequeno comércio, trabalha junto com o marido em sua loja de autopeças.

Tendo temperamento bastante forte domina as filhas inteiramente. Não aceita de forma alguma essa "mancha" na família.

Genro
Nome: Waldemar
Idade: 44 anos
Dados: Sisudo e calado, gerencia a loja com a esposa e procura não se envolver na "pouca vergonha". De origem sírio-libanesa não consegue entender o que aconteceu na vida da sogra. Afastou-se de seu círculo de amigos e parentes. Teme não suportar os comentários e a rejeição de seu clã.

Neta mais velha
Nome: Caroline
Idade: 15 anos
Dados: Adolescente inteligente, extremamente ligada à avó materna, procura entender o fato. Tenta quebrar o clima de rejeição que sua mãe criou em volta da avó.

Neta mais nova
Nome: Rafaela
Idade: 13 anos
Dados: Adolescente muito tímida, ambivalente em relação ao amor que sente por sua avó e a rejeição que

tem por Rita. Prefere se calar sempre que é solicitada sua opinião.

Histórico

Maria Elisa se senta no sofá de sua sala e, mais uma vez, chora. Olha ao redor e sente um vazio apertando dentro do peito. Sua vida parece que foi suspensa, paralisada com a morte do marido. Gabriel, seu grande amigo, partiu. E o que fazer agora, pensa ela. Já na faixa dos 50 anos, sente-se completamente perdida. Casada desde os 18 anos, sempre viveu em função do marido e da filha. Não estudou, nunca trabalhou fora. Não havia tido vida própria.

Seus pais, Elias e Laila, haviam escolhido Gabriel para ser seu marido desde novinha. Ela sabia que estava prometida para o filho de um parente longínquo de seu pai, mas só veio a conhecê-lo aos 16 anos. Maria Elisa se recordava daquele dia. Estava muito nervosa porque iria conhecer o noivo e, naquela manhã, acordou vomitando. Sua mãe justificava o mal-estar dizendo que tudo era fruto da sua ansiedade. Mas a menina sabia que não era só isso. A verdade era que ela não queria se casar nem com Gabriel e nem com ninguém.

Sentia-se perdida, assustada e vomitava. Pensava em sua amiga Rita, nos beijos e nas carícias que haviam trocado em seu próprio quarto, ainda na semana anterior.

Seus pais permitiam que Rita e ela estivessem sempre juntas, já que o senhor Elias não gostava que Maria Elisa andasse em companhias masculinas. Sua postura era extremamente machista, não permitia que homens entrassem em sua casa na sua ausência.

As meninas, colegas de escola, viviam juntas. Rita, muito alegre e extrovertida encantava Maria Elisa, que era bastante tímida. Rita, um ano mais velha, filha de pais separados, era bem mais esperta do que Elisa, que vivia resguardada de qualquer realidade do mundo.

Tudo o que Elisa sabia da vida se originava de leitura de revistas semanais de amor e de TV. A mãe dela, de educação e costumes extremamente rígidos, não gostava de falar sobre as realidades da vida. Sempre que a filha perguntava algo relacionado a sexo a resposta era sempre a mesma: "Quando casar seu marido lhe ensina tudo. Sossegue que você vai descobrir tudo na primeira noite".

Quando menstruou pela primeira vez a menina quase desmaiou de susto. Aos 11 anos ainda não sabia que, como toda mulher, passaria a perder sangue todos os meses. Acreditou que estava doente e que iria morrer por causa disso. Achava que havia pegado essa doença em algum banheiro sujo. Chorou muito e, assustada, não queria contar para a mãe porque temia que ela lhe desse algum castigo.

Dona Laila, como era conhecida, era uma pessoa de humor instável. Nunca se podia prever, com segurança, como ela reagiria diante de qualquer novidade.

Elisa, assustada, encheu de papel higiênico os fundos de sua calcinha, mas esqueceu de dar a descarga no vaso sanitário. Junior, seu irmãozinho, então com 7 anos de idade, assim que entrou no banheiro pôs-se a gritar, aterrorizado, com o sangue que viu no vaso. Dona Laila correu para acudir o filho e custou a entender o que havia acontecido. De início, acreditou que era o menino que havia se machucado. Em seguida percebeu que aquele "desastre" não havia sido com ele. Entrou no quarto de Elisa que, deitada, chorava assustada. Em poucos segundos confirmou a autoria do evento.

— Isso acontece com qualquer mulher! Deixa de ser tola e vá tomar banho que eu vou levar umas toalhinhas higiênicas. Você não vai morrer por causa disso. Dê graças a Deus porque um dia você vai poder ser mãe!

Essa foi toda a explicação que Laila deu a Elisa sobre o fenômeno que estava ocorrendo com ela. Nada acrescentou sobre cólicas e como se livrar delas.

A menina foi se desenvolvendo assim, sem maiores explicações. Descobriu, junto a uma colega de escola, como poderia se livrar das dores mensais. Também foi com ela que descobriu que poderia comprar absorventes higiênicos livrando-se, assim, daquelas toalhinhas que a mãe havia lhe dado. Para Elisa foi uma libertação, já que todas as vezes que tinha que fazer sua higiene pessoal e, em seguida, lavar as toalhinhas higiênicas, vomitava. Sempre teve horror de seus períodos menstruais, mesmo quando adulta. Nunca aceitou, na verdade, esse fator da sua sexualidade.

Por volta de seus 15 anos conheceu Rita na escola. Vinda de outro Estado, a mocinha entrou na vida de Elisa como um furacão. Ela era o oposto de Elisa, sempre alegre e irrequieta. Apesar das diferenças, Rita se afeiçoou muito à Elisa. Viviam aos beijos e abraços. Foi com ela que Elisa conheceu a primeira resposta a seus impulsos sexuais. Foi nessa idade que manteve relacionamento homossexual com a amiga. Mas o sexo não era divorciado do afeto.

A esta altura de sua existência Elisa sabia que o que faziam juntas não seria aprovado por ninguém. Mas amava Rita como nunca tinha amado em sua vida. Sabia que estava compromissada com um noivo que nem conhecia. Ela sabia e Rita também, mas em seu coração havia sempre uma esperança de que nunca chegaria o dia em que o casamento realmente se realizasse.

Mas, o tão temido dia chegou e Gabriel entrou em sua vida.

Em poucos meses Elisa viu sua existência mudar radicalmente. Já não tinha tantas oportunidades de ficar a sós com Rita que, muito enciumada, começou a se afastar. Terminado o colegial, Rita partiu para o interior de São Paulo para cursar a Faculdade de Pedagogia.

Elisa seguiu sua vida sentindo-se extremamente só. Gabriel era um bom rapaz. Afetuoso e ajuizado, nunca elevava a voz para a noiva e isso já era de grande valia para que ela gostasse dele.

Por ter vindo morar em São Paulo, porque os pais eram donos de uma tecelagem em Minas e pretendiam ampliar os negócios abrindo um escritório de vendas na maior capital brasileira, Gabriel estava constantemente junto à família de Elisa.

O sentimento de Elisa em relação a Gabriel era ambivalente. Ao mesmo tempo em que queria estar junto dele, percebia que amava Rita com mais intensidade. O rapaz, sem nada notar, a cobria de afeto e presentes. Quase todas as semanas levava flores, chocolates ou algum outro presentinho para agradá-la. Parecia bastante apaixonado.

Elisa se sentia bastante envaidecida com essas atitudes, pois era raro receber algum tipo de carinho ou presente. Apesar de tudo Rita continuava encravada em sua alma. Não conseguia ficar longe dela. Quando Rita terminou o curso estava sofrendo muito, mas preferiu se mudar para outra cidade para tentar esquecer o amor que as unia.

A despedida das duas foi muito sofrida, provocando em Elisa uma profunda reação alérgica de fundo emocional que a levou a ser internada. Os pais creditaram a doença a alguma virose que a menina tivesse adquirido por aí. Mas Elisa sabia a origem de seu mal.

Com o passar do tempo seu amor por Rita foi ficando sufocado e amarrado dentro do peito. Envolvida pelo preparo de seu enxoval, procurava esquecer aquele amor infeliz. Escrevia para Rita que, às vezes, respondia com cartas muito contidas.

Às vésperas de seu casamento com Gabriel, o senhor Elias veio a falecer de infarto fulminante. Elisa, extremamente pesarosa, quis adiar a cerimônia, mas a família a convenceu que não deveria. "Seu pai, lá de cima, vai ficar muito feliz em saber que você está cumprindo o que ele determinou enquanto estava aqui entre nós", diziam todos. Para satisfazer a vontade de todos Maria Elisa, então, se casou com Gabriel.

A noite de núpcias foi, para ela, um sacrifício. O marido atribuiu seu desconforto ao que ele pensava ser medo de uma virgem em sua primeira noite. Mas o que ela sentia era uma aversão incrível ao sexo com o marido. Resolveu trincar os dentes e deixar acontecer. Se Gabriel percebeu alguma coisa, nunca comentou.

Aos poucos, Elisa foi conseguindo disfarçar e manter o relacionamento físico com o marido. Em dois meses estava grávida. A partir desse momento não escreveu mais para Rita que, por sua vez, também nunca a procurou. O único contato que mantinham era através de poucos cartões de Natal.

Durante a gravidez, Elisa tinha sonhos repetitivos de um parto extremamente difícil em que, depois de muito sofrer, a mãe do bebê morria. Acordava gritando e era sempre acalmada e acarinhada pelo marido.

Chegado o tão temido dia do parto, Elisa internou-se no hospital, mas não havia dilatação necessária para que o parto fosse por vias normais. Após 48 horas de muito sofrimento optaram por realizar uma cesariana para evitar mais sofrimento da mãe e do feto.

Finalmente nasceu Sara, um lindo bebê, o encanto de todos. Elisa, porém, teve complicações pós-parto e teve que retornar à sala de cirurgia. Em virtude de enorme infecção interna teve retirados o útero e os ovários.

Para toda família, inclusive Gabriel, foi um choque. Para Maria Elisa foi um alívio saber que não poderia mais ter filhos novamente. Amava muito seu bebê, mas não queria mais passar por outra gravidez. Ainda no hospital, se recuperando da cirurgia, recebeu a visita de Rita que estava de passagem pela cidade.

Quando se olharam, depois de tanto tempo, Elisa sentiu que ainda a amava de todo o coração. Emocionaram-se muito, mas não trocaram uma palavra sobre o que ia dentro de suas almas. Somente seus olhos diziam coisas que só elas podiam entender.

Sara cresceu e tornou-se uma linda menina, risonha e feliz. Elisa acomodou-se em sua vida de casada. Criava a filha, limpava a casa, era uma boa esposa, fazia Gabriel feliz. Quanto ao sexo, nunca deixou que ele percebesse sua aversão e sua frigidez. Pelo menos era isso que ela acreditava. De certa forma, era feliz.

Dona Laila ajudava a cuidar de Sara, e mesmo tendo tempo livre, Elisa nunca quis se dedicar a outras atividades. A vida foi transcorrendo dentro de uma normalidade entediante. Mas Elisa estava conformada em ser aquilo que os outros esperavam que ela fosse.

Às vezes, se recordava dos tempos de estudante, de Rita e do amor que haviam compartilhado, mas rapidamente afastava essas lembranças com muita culpa. Rita, por sua vez, raramente dava notícias. Professora, dava aulas e vivia uma vida parcialmente oculta. Nada revelava de sua vida particular, o que deixava Elisa bastante inquieta e curiosa.

Quando Sara estava com aproximadamente 6 anos de idade dona Laila sofreu um derrame cerebral que quase a matou. Então, Elisa se dedicou de corpo e alma à mãe. Levou-a para sua casa e, durante três anos, foi sua enfermeira, cozinheira e acompanhante. Infelizmente nunca houve recuperação plena e dona Laila veio a falecer.

Aos poucos, Gabriel foi se afastando da vida em família. Maria Elisa percebeu o fato, mas não se incomodou. Desconfiava que ele tivesse uma amante, mas como ele não deixava escapar nada em casa, ela preferiu fechar os olhos.

Com o falecimento da mãe Elisa se sentiu perdida. Já sem a obrigação diária de dedicação à dona Laila, percebeu que estava muito só. Sara, com quase 10 anos de idade, já era bastante responsável e independente. Muito mais apegada ao pai que à mãe, solicitava pouca atenção. Boa estudante, extremamente decidida, julgava a mãe com pouca consideração. Aliás, Elisa sempre sentiu que a filha a tratava com certo distanciamento e sofria muito com isso. Só que não sabia como alcançar o coração de filha.

Durante esse período seu irmão, Júnior, formou-se em Medicina e casou-se com uma colega de turma, chilena. Como a esposa era muito rica, mudou-se com ela para sua terra natal e pouco dava notícias.

Gabriel, sempre muito amigo, procurava confortar a esposa, mas mantinha sua vida extraconjugal. Era como se tivessem feito um pacto não verbal: eu não a incomodo na cama, você não me cobra fidelidade.

Elisa levava a vida sempre muito triste. A casa era um verdadeiro exemplo de ordem e limpeza, o que levava a filha a evitar levar os amigos para curtirem um som, ou mesmo uma sessão de vídeo. Era Sara quem sempre ia para a casa das amigas nos finais de semana.

Ela ficava a maior parte do tempo só. Gabriel até se esforçava para fazer um pouco de companhia a esposa, mas sempre aparecia um jogo de cartas ou uma partida de sinuca em casa de amigos comuns e ela então não queria ir. Preferia ficar vendo filmes na TV. Tinha se tornado muito pouco comunicativa e se considerava uma chata.

Com o tempo, e sem perceber, caiu em profunda depressão. Deixou de cuidar da casa, abandonou a cozinha. Deixou tudo nas mãos de uma empregada contratada justamente para esse fim.

Gabriel, muito preocupado, passou a ficar mais em casa. Conseguiu, através de amigos, a indicação de um psiquiatra especialista em depressão. Elisa foi à primeira sessão muito a contragosto. Mas o médico, gentil e delicado, conquistou sua confiança.

Por quase cinco meses ela compareceu às sessões programadas, mas nunca conseguiu contar nada sobre Rita. Tomou muitos comprimidos, mas o vazio que sentia dentro de si não a abandonava. Declarando-se bem melhor, resolveu interromper o tratamento. Gabriel, não muito convencido, concordou. No final daquele ano, às vésperas do Natal, tentou o suicídio.

Foi socorrida a tempo pela filha e se salvou. Sem saber como, quando Elisa estava internada no hospital, viu entrar pela porta do quarto a querida e amada Rita. Foi o primeiro dia que esboçou um gesto de alegria depois de muito tempo. Pai e filha cobriram Rita de atenções.

Passadas as festas de fim de ano ficou acertado que ela iria viajar com Rita em uma excursão para o Nordeste. Entre assustada e feliz, já que era um velho sonho conhecer as tão faladas praias de Salvador, Maceió e Recife, Elisa quase que obrigou Sara a ir junto com elas. Queria estar com Rita, recordar os velhos tempos quando ainda eram estudantes, mas tinha medo de que essa proximidade trouxesse à tona aquele amor impossível. Sabia que se estivesse com a filha não correria maiores riscos de envolvimento.

E assim foi. Enquanto Sara confraternizava com os jovens da excursão na praia, nas piscinas dos hotéis e durante os passeios, Elisa foi se inteirando sobre a vida de Rita durante todos aqueles anos. Soube que ela teve várias namoradas e dois namorados. Um deles, Adalberto, queria se casar com ela de qualquer maneira, mesmo quando descobriu que Rita era lésbica.

— Por que você o enganou, Rita? Você gostava dele? – questionou Elisa.

— Porque o conheci logo depois do seu casamento e eu estava completamente desesperada. Resolvi que também iria encontrar meu caminho. Durante seis meses tentei me modificar, tentei amar como qualquer mulher. Mas não conseguia sentir nenhum prazer com ele. Eu fingia que achava ótimo, mas quando tudo acabava eu ficava horas no chuveiro para me sentir limpa.

Então, resolvi que deveria terminar e engatei um namorico com uma colega da faculdade, a Corina. E ele descobriu tudo. Muito chocado, não quis acreditar que eu era lésbica desde a adolescência e disse que me perdoava por minha loucura. Disse que íamos nos casar e que não falaríamos mais nisso.

Diante do espanto de Elisa ela acrescentou rindo:

— Foi exatamente o que ele me disse. Então eu o mandei procurar sua turma.

Passados alguns anos depois de muitas desilusões afetivas com diversas mulheres, resolvi me envolver com Nicolau, colega de mestrado. Muito solícito e bastante conversador, atraía todas as mulheres do curso. Mas foi comigo que ele se encantou.

De início, achei graça no assédio, fiquei envaidecida. Com o tempo, fui aceitando o namoro e mergulhei em um segundo relacionamento heterossexual. Essa nova tentativa não durou mais que dois meses. As causas foram as mesmas.

Por mais que tentasse, não conseguia manter esse tipo de relação. Queria muito ter um filho, mas sabia que Nicolau dificilmente permitiria que eu criasse sozinha. E não queria manter essa proximidade com ele *ad aeternum.*

Rita virou-se para Elisa e disse:

— Durante todos esses anos continuei amando você, mas sempre respeitei sua decisão de se casar com Gabriel. Sofri muito, mas hoje entendo que nosso amor é impossível. Quando a vejo com uma família, vejo que não tem espaço para mim.

A viagem foi tranquila, mas na volta Elisa tinha certeza de que continuava amando Rita como nunca tinha conseguido amar ninguém. Não mencionou o fato para ela, mas decidiu se separar de Gabriel.

Finda a viagem, a resolução de terminar o casamento de imediato foi adiada. Elisa não tinha coragem para deixar sua casa, sua vida, seu marido. Gabriel sempre havia sido um bom companheiro, um excelente pai e ela não achava justo perturbar o mundo de sua filha com uma separação.

Sara havia se tornado uma linda adolescente e já estava inclinada a se casar com Waldemar, um primo distante de Gabriel. Elisa não estava muito convencida de que a união se confirmaria, apesar dos esforços de Gabriel para que tal ocorresse.

Waldemar era 8 anos mais velho e não parecia inclinado a seguir as regras e hábitos da família. Pelo que parecia, gostaria de se casar com alguém que fosse de sua escolha.

Mas Sara estava entusiasmada, já procurava em revistas modelos para seu vestido de noiva. Elisa começou a preparar o enxoval da única filha com muito amor, mas com muita discussão, já que ambas tinham gostos diferentes e nunca se entendiam.

Com isso, mais uma vez, Elisa desistiu de ter uma vida própria e de ter direito de escolher seu caminho. O tempo passou e, depois de muitas marchas e contramarchas, a união de Sara e Waldemar se concretizou. Com o casamento da filha e com a proximidade de Rita, que agora morava em São Paulo, Elisa sentiu-se muito tentada a dar um novo rumo em sua vida.

Gabriel ficava cada vez mais fora de casa. Com o crescimento da tecelagem e exportando para o exterior, as viagens de negócio tornaram-se cada vez mais frequentes. Elisa sabia, de fonte segura, que Gabriel se fazia acompanhar de sua amante, que era a diretora comercial da empresa. Não se incomodava. Rita, porém, não se conformava com a situação e insistiu que Elisa procurasse um advogado para se aconselhar. Gabriel continuava o amigo atencioso de sempre, mas não fazia muita questão de ocultar que possuía uma vida extraconjugal.

Foi durante um fim de semana em que nem sua filha e nem seu marido estavam na cidade que Elisa finalmente se entregou ao amor que a consumia. Rita e ela haviam ido ao teatro. Ao fim do espetáculo resolveram jantar em um badalado restaurante. Lá encontraram amigas de Rita que, conforme ela confidenciou eram entendidas. Elisa de início não entendeu.

— Entendidas em quê? – perguntou ela à Rita.

— Ora Elisa, elas são lésbicas como eu. É só uma forma de falar, de brincar – esclareceu Rita rindo.

Após o jantar, ambas saíram com Cláudia e Vera em direção a uma discoteca do reduto GLS. De início, Elisa ficou espantada com o que viu. Mas, aos poucos, foi relaxando e curtindo a noitada. Riu muito com Rita e as novas amigas.

— Acho que estou rindo mais hoje do que em todos esses últimos anos da minha vida. Há muito tempo que não me sinto tão bem – declarou Elisa à Rita.

Esta, encorajada, abraçou a amiga mais forte do que de costume. Passou a mão pelo seu rosto e beijou sua boca. Elisa, de início quis fugir, mas logo se entregou aos carinhos com sofreguidão. Era como se uma parte de seu ser, que estava morta, voltasse à vida. Todas as suas lembranças da adolescência vieram à tona. Todos os medos ficaram esquecidos. Todas as suas resoluções foram apagadas. Partiram para a casa de Rita onde finalmente entregaram-se ao desejo que há tanto tempo estava reprimido. Foi a primeira vez que Maria Elisa alcançou o orgasmo.

No dia seguinte, repetiram a dose e Elisa resolveu que iria se divorciar de qualquer maneira. Quando Gabriel voltasse de sua viagem seria informado de sua decisão.

Voltou para sua casa no final de domingo. Aguardava que Sara lhe telefonasse dizendo que chegara bem de sua viagem à praia. Mas, isso não aconteceu. Quase à meia noite recebeu um comunicado de que sua filha havia sofrido um acidente e estava internada com traumatismo craniano em um hospital em Santos. Ela quase desmaiou. Desorientada, telefonou para Rita que, de imediato, foi para a casa de Elisa e a conduziu até Santos.

Lá Elisa ficou sabendo que sua filha Sara estava correndo risco de morte. Estava em coma e, aparentemente estava grávida de pouco tempo. Elisa, sem conseguir parar em pé, só conseguia repetir monotonamente: "Foi minha culpa. A culpa foi minha. Minha filha está sofrendo por minha culpa.". Por mais que Rita a reconfortasse e a afastasse desses pensamentos, o comportamento de Elisa foi o mesmo durante três dias, ao final dos quais Sara saiu do coma.

Gabriel já estava ao seu lado. Tendo sido avisado por Rita, havia voltado de Buenos Aires no primeiro avião. Ao ouvir a mulher repetir várias vezes que era culpada atribuiu o fato a mais uma das esquisitices dela e não lhe deu a menor importância.

Antes que Gabriel chegasse, ela havia pedido à Rita que a deixasse só, que a esquecesse porque o amor delas era maldito e que nunca mais iria cometer "esses atos que Deus repudia". Muito chocada e triste, Rita só esperou que Gabriel chegasse e partiu sem se despedir de Elisa, fato não percebido por ele.

Além do traumatismo craniano, Sara havia quebrado os dois braços e uma perna. Confirmou-se sua gravidez de pouco mais de sete semanas. Elisa, então, entregou-se à recuperação da filha e do enxoval do futuro netinho. Havia feito uma promessa que, se sua filha se salvasse nunca mais veria Rita. E assim, nunca mais a procurou. Mas a lembrança daquela noite insistia em surgir em sua mente. Desesperava-se de medo de que Deus a punisse mais uma vez por recordar continuamente do fato.

Os anos se passaram. As netas nasceram e preencheram o seu coração. Sara trabalhava com o marido e Elisa se tornou a responsável pela educação das meninas. Gabriel acabou comprando dois apartamentos de luxo no mesmo prédio para facilitar a vida de Elisa. Sara, que adorava o pai, não queria acreditar no presente que ele tinha lhe dado. Waldemar era um bom trabalhador, mas não era um bom negociante. Viviam com o orçamento apertado e jamais poderiam adquirir um imóvel tão valioso.

À época do acidente de Sara todos ficaram espantados com o sumiço de Rita, mas Elisa nunca deu explicações e eles desistiram de perguntar. Os anos se passaram e Elisa, sempre ocupada em criar suas netas, pouco ligava para as ausências cada vez maiores de Gabriel. Até que um dia Rita telefonou marcando um encontro. Elisa pensou em recusar. No entanto, estava curiosa, e porque não dizer excitada, em rever seu grande amor. Aceitou.

O encontro foi em um shopping da capital paulista e, durante o almoço, colocaram todas as suas mágoas e ressentimentos para fora. Rita se declarou apaixonada por Elisa, apesar da eterna rejeição, e queria poder ficar ao lado dela nem que fosse apenas como uma velha amiga. Queria conhecer as netinhas, queria poder participar da vida de Elisa novamente, compartilhar seus sonhos e tristezas.

Elisa aceitou. Seus familiares, inclusive Gabriel, aceitaram bem o retorno de Rita ao seio da família. Mais uma vez quiseram saber o motivo da briga entre as amigas, mas como ambas desconversavam, esqueceram o assunto.

Maria Elisa foi fiel à promessa, mas nunca ficava a sós com Rita. Entretanto, pensava constantemente naquela noite de seu passado.

O tempo foi passando. Rita nunca mais tocou no assunto do divórcio, apesar de não ser segredo para ninguém a infidelidade de Gabriel. Ele era um grande amigo, um esteio, e Elisa se sentia segura com ele. O corpo de Elisa, porém, reclamava por sexo, ela bem sabia qual era o tipo de prazer que pedia, mas negava-se terminantemente. Até que não mais aguentou e entregou-se novamente à Rita. Cheia de culpa, mas muito feliz aos 50 anos, voltou a viver novamente.

Encontrava-se com Rita discretamente, fora de sua casa, vivendo uma vida dupla que seus familiares jamais poderiam imaginar.

Quando ficou viúva aos 53 anos, Elisa ficou arrasada. Sentia-se perdida, sem saber como enfrentar a vida. Gabriel sempre esteve ao seu lado providenciando tudo, sendo seu companheiro e amigo. Nunca lhe havia cobrado o fato de não ter sido para ele uma verdadeira esposa, uma mulher na cama. Elisa chegou à conclusão que seu marido preferiu acreditar que era recato. Mesmo assim se sentia mentirosa e dissimulada.

Com a morte de Gabriel havia um grande problema a ser resolvido: quem iria estar à frente da tecelagem?

Gabriel nunca havia confiado no genro, não em termos de honestidade, mas não acreditava na capacidade empresarial de Waldemar. Quanto à sua filha, sempre preferiu mantê-la longe dos negócios, pois Sara, com seu forte temperamento, poderia criar situações de confronto dentro da tecelagem. Era o que ele sempre comentava sobre Sara. O que fazer, então?

Elisa, instintivamente, não queria deixar Sara assumir o comando da empresa. Rita a apoiou integralmente suscitando, assim, a primeira grande discussão entre elas.

Pressionada pela filha e pelo genro, que queriam o comando da empresa, Elisa não cedeu. Nomeou Anselmo, velho amigo e braço direito de Gabriel, Diretor Comercial, sendo o responsável geral pela tecelagem. Isso feito, partiu com Rita para uma longa viagem à Europa. Foram quase 40 dias de paz de espírito e de alegria. Pela primeira vez na vida Elisa se sentia plena, sem amarras, sem medos, sem culpa.

Dias antes de seu retorno ao Brasil, Elisa falou com Rita que venderia seu apartamento e compraria outro mais distante. E ambas viveriam juntas. Assim que retornaram, Elisa comunicou sua decisão à família que, de imediato, foi contra. Sara declarou textualmente que não via com bons olhos essa ligação extrema de sua mãe com Rita. Ainda acrescentou que achava ser por influência de Rita que Elisa negava, à filha e ao genro, a presidência da tecelagem.

Foram dias de constantes discussões e muitas brigas em altas vozes na vida de Elisa. Para seu próprio espanto ela conseguia continuar firme em suas decisões. O clima era frio e desgastante, mas Elisa conseguiu, depois de alguns meses e aos 54 anos, mudar-se para um novo lar junto com o amor de sua vida.

A única coisa que a feria era o distanciamento de suas netas. Mas ela já não era mais a mesma e queria ter sua própria vida. As netas já estavam crescidas, não precisavam mais de sua atenção constante e o sabor da liberdade de viver conforme seus sonhos já havia se instalado. Rita, que já estava aposentada, dedicava-se totalmente à Elisa e ambas saíam juntas constantemente.

Passado um ano, em que pouco viu a filha e o genro por causa das brigas, resolveu se afastar definitivamente dos negócios e da tecelagem, que foi posta à venda. Quando Sara soube do fato, explodiu. Ela não queria sua parte na tecelagem, queria o comando da empresa. Elisa queria a parte que lhe cabia em dinheiro e terminar com as brigas na família.

Sara ficou inconformada. Achava que Rita estava arquitetando algum plano para se apoderar dos bens da mãe, portanto os seus também. Então, colocou um detetive particular para seguir os passos dela. Em pouco tempo soube de toda a verdade: Rita era lésbica assumida e Elisa era sua amante.

De início, Sara não conseguiu acreditar em uma só palavra, mas, intrigada, mandou que prosseguissem com a investigação e trouxessem provas, que chegaram em forma de fotos tiradas em uma boate liberal no Rio de Janeiro.

Atônita, Sara foi ao apartamento da mãe junto com as filhas que nada desconfiavam. Waldemar, já ciente dos fatos, preferiu ficar distante daquela "pouca vergonha". Não consentiu que suas filhas participassem do confronto, mas Sara, como sempre, fez como quis.

A discussão entre elas foi gigantesca. Ao final de muitos gritos e destemperos, Elisa confirmou seu envolvimento amoroso com Rita. E mais ainda, contou toda a sua história sem pudor ou vergonha. Queria que as netas soubessem a verdade por ela mesma.

— Por que, vovó? Por que você é assim? – gritou sua neta Rafaela enquanto Caroline, a mais velha, sentada no chão e encostada em um canto da sala, soluçava alto com a cabeça entre os joelhos.

Elisa, paralisada de emoção e dor, ao ver a reação de suas tão adoradas netas, não conseguia sequer raciocinar. Rita balbuciou alguma resposta incompreensível que Sara, aos berros, abafou.

Em seguida, pegando as filhas, arrastou-as para fora do apartamento. Antes de bater a porta gritou para a mãe:

— Nunca mais me procure! Nunca mais procure minhas filhas! Lésbica, sapatão! Tenho nojo de você! Eu trouxe minhas filhas aqui para elas saberem direitinho quem é a avó delas. Que sirva de exemplo para elas nunca se envolverem com uma nojenta como a Rita.

Quando ela tiver tirado todo seu dinheiro e você estiver na sarjeta, não me procure. Morra sozinha, sem ter o que comer! É o que eu desejo. Como você pôde sujar o nome do meu pai desse jeito? Além de deixar essa vagabunda pôr a mão no dinheiro que ele levou uma vida inteira para ganhar, você trouxe a mais profunda vergonha para todos nós. Adeus!

Elisa, paralisada, lágrimas escorrendo, viu Rita fechar a porta sobre toda a sua vida. Por meses tentou, infrutiferamente, aproximar-se de sua filha para uma nova conversa. Somente a neta mais velha concordava em vê-la, contornava a situação dizendo à mãe que iria estudar na casa das amiguinhas. Tentava entender o comportamento da avó, por amá-la muito, mas percebia que, em seus pensamentos, o motivo que havia levado a avó a ser homossexual era angustiante.

Elisa foi se tornando cada vez mais deprimida. Por mais que Rita tentasse ajudá-la e animá-la, não conseguia. Assustada com o histórico de Elisa, vivia preocupada com a possibilidade de uma nova tentativa de suicídio.

Após Rita muito insistir, Elisa concordou em procurar uma terapeuta para obter respostas, não só para se conhecer melhor, mas também para poder explicar para suas netas por que era lésbica.

Processo Terapêutico

Maria Elisa chegou ao consultório timidamente. Sentou-se, suspirou e ficou calada por um bom tempo. Mesmo estimulada pela psicóloga, preferia sorrir tristemente e permanecer calada. De repente, em meio ao silêncio do consultório, declarou:

— Doutora, devo esclarecer que não vou tomar remédios. Eu já tive essa experiência e não gostei. Não vou tomar remédios.

Outra coisa que eu gostaria de esclarecer é que vivo com uma mulher. O nome dela é Rita e eu a amo muito. Como se diz, sou lésbica e preciso saber por que sou assim. Não por mim, mas por minhas netas.

Calou-se esperando a reação da terapeuta. Ao se perceber aceita, iniciou a falar de sua história compulsivamente. Após quase uma hora, tempo durante o qual recordou vários episódios de sua vida de uma forma confusa, mesclando vários fatos sem uma cronologia, se calou, ofegante.

Então, a terapeuta sugeriu que se fizesse apenas um relaxamento para que Elisa pudesse encontrar seu centro e se acalmar. E assim foi feito.

Logo no início do relaxamento, Elisa começou a chorar mansamente. Soluços contidos agitavam seu corpo. Pouco a pouco, porém, foi se acalmando e se permitiu relaxar. Findo o relaxamento abriu os olhos e disse:

— Agora estou muito melhor, viu? Não precisei de remédios, não é? Agora sei que vou conseguir saber, vou conseguir entender.

Primeira Sessão (Núcleo Terapêutico)

Maria Elisa chegou ao consultório diferente. Novo corte de cabelos, bem maquiada, bem vestida, mas com uma expressão de preocupação no rosto. Calada, se acomodou na poltrona com o olhar perdido no espaço.

— Olhe, eu sei que ficou combinado que hoje faríamos um exercício vivencial, mas eu penso que devo contar minha história. Uma vida toda não se conta em uma hora, principalmente a minha. Eu preciso falar. Eu preciso explicar tudo para você, todo o meu sofrimento, tudo o que passei.

— Maria Elisa, não se preocupe com o andamento técnico da sua terapia. Disso eu me encarrego. Foi mencionado que, talvez, fizéssemos um exercício vivencial, que nada mais é do que um relaxamento mais profundo com imagens induzidas para que você possa entrar em contato com o seu inconsciente. Fale tudo o que você tem vontade. Explore suas lembranças, as boas e as más, liberte seu coração dessas dores, dessas aflições.

E por mais três sessões consecutivas Maria Elisa mexeu e remexeu seu passado. Trouxe fotos de sua família, de sua juventude, de seu casamento, do nascimento de sua filha, de suas netas. Riu muito e chorou. Foi a partir dessas sessões terapêuticas que pôde reconstruir, com bastante fidelidade, o quadro de toda uma vida. Finalmente estava pronta para o mergulho em seu mais profundo interior. Estava confiante de que conseguiria chegar a um maior esclarecimento de si mesma, de suas verdades e de suas razões.

No exercício de vivência resvalou para fatos de uma existência anterior. Porém, rapidamente negou o fato e retornou um tanto assustada pelo que havia intuído. Estava bem preparada para o que seria a sua primeira sessão de Regressão de Memória.

Segunda Sessão (Núcleo Terapêutico)

Maria Elisa chegou com uma expressão no rosto que mesclava ansiedade, medo e resolução. Durante o relaxamento esteve um pouco agitada, mas, aos poucos, foi se aquietando. Antes mesmo que lhe fosse dado o comando, mergulhou com tudo em uma existência anterior. Aparentemente sentia muitas dores, pois começou a ofegar e apertar as mãos sobre o abdome. Encolheu as pernas e começou a gemer e a chorar.

Terapeuta: O que está acontecendo? O que você está sentindo?

Paciente: Estou sangrando muito. Muito! Eu sei que vou morrer. Eu vou morrer. Malditos. Malditos. (Silêncio e soluços de choro.)

Terapeuta: Você está sangrando e sabe que vai morrer. Onde você está? O que acontece? Descreva a cena.

Paciente: (Suspiro.) Estou jogada, deitada no chão, na areia... Tem muita areia grossa. Estou sentindo a areia no meu rosto. Malditos! Estou morrendo. Já não consigo ver nada. (Suspiro profundo e silêncio.) Finalmente estou livre. Vejo meu corpo lá embaixo. Acho que é meu corpo. Ele é... Sou escura... Escura. (Silêncio.)

Terapeuta: Você disse que é escura. Então é uma mulher negra. É isso? Uma mulher de pele escura que está deitada na areia? Um, dois, três. O que lhe vem à mente?

Paciente: Sim sou uma mulher. Vejo bem agora. Meu corpo está lá embaixo. Estou completamente ensanguentada. Mas agora estou livre. Totalmente livre.

Terapeuta: Você é uma mulher escura que morreu totalmente ensanguentada e agora está livre. Eu quero que você retorne no tempo e, sem medo, recorde essa morte. Não tenha medo, esse fato já aconteceu. Não corre risco ao recordar. O que aconteceu? Retorne um ano antes da sua morte. Pergunte ao seu inconsciente. Um, dois, três. O que lhe vem à mente?

Paciente: (Silêncio prolongado.) Estou com minhas irmãs. Somos três irmãs. Somos negras, cabelos negros e lisos. Nós mergulhamos no mar para pegar conchas... (Silêncio prolongado durante o qual a paciente insiste em fazer gestos com as mãos, como se estivesse polindo ou lixando algo.)

Terapeuta: O que acontece agora? Descreva o que está acontecendo.

Paciente: Eu estou com uma linda concha nas mãos. Estou limpando bem porque vou fazer um enfeite para colocar no pescoço. Nós fazemos enfeites. Para vender no mercado. Para comprar comida. Eu sou bonita. Tenho muitos enfeites no pescoço de conchas que eu mesma peguei no mar.

Terapeuta: E onde é esse lugar? Onde você está com suas irmãs? Pergunte ao seu inconsciente onde é esse lugar.

Paciente: Não sei. Acho que é no... Hoje é no México. É o que eu sei. É o que me vem na cabeça.

Terapeuta: Você disse que é bonita. Descreva como você é.

Paciente: (Em tom de desafio.) Sou bonita mesmo. Alta e magra. Meu vestido é todo pintado de amarelo, vermelho e marrom. São pinturas que minha irmã sabe fazer muito bem. Tenho os cabelos negros e compridos. Ela também.

Terapeuta: Você disse que eram três irmãs. Mas agora só fala de uma. Onde está a outra?

Paciente: Somos três. É o que eu sei. Mas só vejo minha irmãzinha mais nova, que também é muito bonita. (Silêncio.)

Terapeuta: Prossiga na cena. Adiante-se um pouco no tempo. O que acontece agora? Um, dois, três. O que lhe vem à mente?

Paciente: (Sorri.) Estamos em uma festa. Estamos festejando o início da colheita. Temos muitas frutas para comer. Temos que agradecer aos deuses. (Repentinamente agita-se.) Estão dizendo que minha irmãzinha morreu. Oh! Ela morreu! Está jogada no mato. Alguém a arrebentou. Está saindo muito sangue pelas pernas dela. Fizeram maldade com ela. Algum estúpido. Um louco. Minha irmãzinha está morta. Foi abusada e assassinada. (Chora muito e fica em silêncio prolongado.)

Terapeuta: Sua irmã mais nova foi assassinada. Prossiga no tempo. Qual foi o fato mais importante que aconteceu em seguida?

Paciente: (Enxugando os olhos.) Não sei. Só sei que estou sozinha aqui. Estou abraçando o corpo da minha irmã. Yult. É o nome dela. Tão menina. Maldito o que fez isso com ela. Mas eu vou vingá-la. Vou matar quem fez isso com ela. Vou! Vou sim! (Silêncio.)

Terapeuta: Prossiga. O que acontece agora?

Paciente: (Ofegante e com o punho direito fechado e erguido.) Vou matá-lo. Vou enterrar isso nas costas dele. Maldito!

Terapeuta: Quem é ele? Descreva a cena.

Paciente: Está escuro, muito escuro. Não consigo ver nada. (Silêncio prolongado que foi quebrado por engasgos, tosses e soluços.) Não quero! Não quero! Que dor!

Está doendo! Dói! Chega! Chega, não quero lembrar mais nada. Não quero mais sofrer.

Diante da recusa da paciente em continuar, seu choro convulsivo e a intensa dor que sentia expressada no seu rosto, a sessão foi levada ao término.

Terapia de Apoio — Síntese

Maria Elisa custou a retornar. Quando conseguiu parar de chorar se aquietou e entrou em relaxamento profundo, respirando sutilmente. O Retorno foi feito vagarosamente para que ela pudesse se restabelecer. Finalmente, abrindo os olhos e dando um sorriso tímido disse:

— Desculpe, mas não consegui continuar. Estou toda dolorida. Não conseguia ver nada, mas sentia que estavam me agarrando. Foi horrível. Penso que eram algumas pessoas. Sem dúvida, mais do que uma. Eu pude perceber que eles queriam me agarrar. Eu pude até ouvir a respiração ofegante nos meus ouvidos... Foi horrível. Fiquei com muito medo. Minha barriga está doendo muito. Parece que estou com cólicas.

— Isso vai passar. É o resultado de você ter fugido da cena e não ter se permitido ir até o fim para poder descobrir o que estava ocorrendo. Se isso tivesse acontecido, nós poderíamos ter usado a técnica que elimina totalmente o desconforto físico de uma recordação penosa. Você sabe que é importante recordar integralmente o que houve para que possa descobrir o motivo que a levou a lembrar especificamente desse fato.

É necessário vivenciar sem medo todas as circunstâncias. Temos que retomar, na próxima sessão, nesta mesma existência de seu passado para que você recorde o motivo da sua morte. Saber por que você viu sua irmã mais nova sendo assassinada. E, principalmente, o que aconteceu quando você estava indo concretizar a vingança.

Agora me responda, sem pensar, quem era a pessoa que você estava pretendendo matar? Você sabe, com certeza?

— Meu cunhado. Sei que era meu cunhado casado com minha irmã mais velha. Interessante. Não consegui vê-la, mas sei que ela existia. Não me pergunte como, mas eu sei que o assassino era ele. O rosto dele... Eu não sei. Não consigo ver, nem lembrar. Mas eu era bonita. Eu e minha irmãzinha. Que nome estranho o dela, não é? Mas foi o que me veio à cabeça. Na realidade ainda estou muito zonza com tudo que passei aqui, mas o cansaço passou. Estou bem agora, muito bem.

— Durante a próxima semana talvez você tenha alguns sonhos relacionados à sua experiência de hoje. Isso é muito comum. Procure anotar para discutirmos aqui esses flashes de memória.

Terceira Sessão (Núcleo Terapêutico)

Maria Elisa chegou com inúmeras anotações em um bloquinho de papel.

— Realmente eu tive sonhos muito esquisitos. Alguns foram sonhos, e outros pesadelos. Eram como se fossem partes, sem nexo, de recordações. Veja aqui, sonhei que mergulhava em um mar azul, muito azul e tentava pegar uma coisa. Logo eu, que mal sei nadar. Mas eu não tinha medo, sentia um prazer em estar ali.

Em outra vez, estava mexendo com cuias com uma espécie de tinta e, em muitas vezes tive um pesadelo. Parece que estava andando em uma praia, mas meus joelhos não me aguentavam; eu caía e a boca se enchia de areia e eu sufocava. Sempre acordei com esse pesadelo, suando muito e completamente sem fôlego.

Depois, não consegui mais dormir.

Em síntese, foi essa a tônica dominante de suas anotações. Partimos, então, para a sessão de Regressão de Memória.

Terapeuta: Volte agora para o mesmo momento de Regressão de Memória da última sessão quando você resolveu parar. É necessário esclarecer o que ocorreu. Não tenha medo. O que acontece agora?

Paciente: Nada. Não acontece nada. Não vejo nada. (Silêncio.)

Terapeuta: Não tenha medo. Enfrente. Esse fato ocorreu há muito tempo, você não corre perigo. Vamos lá.

Permita-se recordar. Dentro daquele momento passado, permita-se olhar suas mãos... Concentre-se. Recorde. Regrida no tempo e permita-se ver suas mãos.

Paciente: (Fica em silêncio e estática por algum tempo. De repente se agita e passa a respirar com dificuldade. Engasga-se e leva as mãos ao baixo ventre.) Eu estou morrendo. Estou ensanguentada, o sangue sai. A cada passo que dou o sangue corre pelas minhas pernas. Estou podre. O cheiro... Que horror esse cheiro! Eu preciso chegar no mar. (Chora muito.) Para me lavar... Para me lavar. (Silêncio prolongado.)

Terapeuta: Prossiga na cena. O que ocorre agora?

Paciente (Silêncio entrecortado por soluços que, aos poucos, vão diminuindo.) Eu não consegui... Caí na areia. Pertinho do mar. Eu sei que morri porque estou fora do meu corpo. Estou olhando de cima. (Suspiros e soluços brandos.) Enfim, todo aquele sofrimento parou. Acabou. (Elevando a voz.) Acabou!

Terapeuta: O que foi que acabou? Explique esse sofrimento. O que a fez sofrer tanto?

Paciente: Ser mulher. Só isso. Se eu não fosse mulher, não teria passado por tudo que passei. Ser mulher é maldição, minha mãe já dizia isso. É maldição por causa dos homens.

Terapeuta: Que fato deu origem a essa maldição? O que a levou a acreditar nisso?

Paciente: (Silêncio prolongado.) É porque os homens... Eles são animais. Malditos. Eles pensam que as mulheres também são animais, como eles. Por isso morri sofrendo tanto.

Terapeuta: Qual foi a causa da sua morte? O que a levou pensar que morreu por causa dos homens? Volte à causa de sua morte nessa vida. Não tenha medo. É importante você recordar a causa da sua morte

Paciente: (Franze o rosto como se estivesse sofrendo alguma dor lancinante.) Estou sangrando muito. Dói muito. Estou perdendo a criança. Parece que minhas entranhas estão sendo rasgadas. Dói muito. Maldito! Foi por causa dele. (Silêncio prolongado. Encolhe as pernas e chora baixinho.)

Terapeuta: Você está abortando uma criança. Dói muito. Mas, lembre-se, não é uma dor atual. Ela aconteceu há muito tempo. Não pode mais, de forma alguma, fazer você sofrer agora. Conscientize-se de que tudo são recordações, que não podem mais fazer você sofrer no seu corpo atual. Lembre-se sem sofrer dores físicas, isto não é necessário. O importante é lembrar-se dos fatos. Não é necessário sentir dor. E agora diga o que a fez engravidar. Recorde o fato que a fez engravidar, sem medo e sem dor física.

Paciente: (Desdobra as pernas lentamente, suspira profundamente.) Estou vendo, como se fosse na televisão, mas sei que sou eu. Estou no escuro, quero matar aquele desgraçado. Foi ele que matou minha irmãzinha. (Silêncio prolongado.)

Terapeuta: Prossiga na cena, sem medo. É importante que recorde. Um, dois, três. O que lhe vem à mente?

Paciente: Estou em um balcão... Está muito escuro, mas eu sei que o maldito está aqui, escondido em algum lugar. Foi ele que matou minha irmãzinha. Primeiro a estuprou, depois a matou com medo de que ela o acusasse para nós. Ele vive com minha irmã mais velha. Coitada. Ela é muito infeliz porque ele é estúpido, sempre a maltrata. Eu o odeio. Vou matá-lo. (Silêncio. De repente, começa a ofegar.) Ele me pegou, está muito escuro. Estão rasgando a minha roupa. São dois... três... Estão abusando de mim. Que dor, que dor... (Silêncio.)

Terapeuta: O que acontece agora? Você disse que são três homens que estão abusando de você. Continue na cena, descreva o que acontece.

Paciente: Não são três homens. São dois homens e uma mulher. Ela me segura os braços enquanto eles me golpeiam. Me estupram. (Silêncio com alguns soluços.) Agora estão indo embora. Estou muito machucada, suja, cheia de sujeira deles. Malditos! (Silêncio.)

Terapeuta: Prossiga. Eles deixaram você toda machucada e foram embora. O que acontece agora?

Paciente: Estou deitada no chão. Muito machucada. Eu pensei que ele estivesse aqui sozinho, mas não. Não consegui matá-lo, não consegui vingar minha irmã. Estou muito machucada. Acho que... (Silêncio e suspiros.) Agora estou em outro lugar. Estou na casa da curandeira. Estou ao lado dela. Ela me ajuda. (Silêncio.)

Terapeuta: Você disse que está ao lado de uma curandeira que a está ajudando. O que exatamente está acontecendo?

Paciente: Ela está me dando um remédio. Parece um chá de ervas. Que cheiro ruim. É ruim esse remédio.

Terapeuta: Para que serve esse remédio? O que esse remédio cura?

Paciente: (Silêncio prolongado com expressão concentrada.) É para abortar. Fiquei grávida daqueles malditos, não quero essa criança. Ela é maldita também. Maldita também.

Terapeuta: Prossiga. O que acontece agora?

Paciente: Está amanhecendo. O sol está aparecendo no fundo do mar. Estou sangrando muito... Estou abortando... As ervas mataram a criança daqueles malditos. Mas estou morrendo também. Vou para o mar, ele vai me salvar. Vai me limpar. Engraçado... Dói, mas não dói mais... Não dói mais.

Terapeuta: Você está abortando. Está morrendo. Qual é seu último pensamento antes de deixar seu corpo? Diga sem raciocinar. Diga já. O que lhe vem à mente?

Paciente: Que é mesmo uma maldição ser mulher. Se eu não fosse mulher não estaria morrendo agora. Porque só as mulheres ficam prenhes, é muito perigoso ser mulher. Os homens só querem fazer mal às mulheres. Nunca mais quero ser mulher. Nunca mais quero saber de homens. Nunca mais... Malditos. (Silêncio.)

Terapeuta: Então, seu último pensamento foi "não quero mais saber de homens e não quero nunca mais ser mulher". Foi isso? Foi essa decisão que você tomou em seu último instante de vida?

Paciente: Isso mesmo.

Terapeuta: Você quer mudar essa decisão? Ela pode estar interferindo em sua vida atual, em seu modo de pensar e de agir.

Paciente: Entendo. Na realidade, não penso mais que os homens são malditos. Não mais. Mas penso que confio muito mais nas mulheres do que nos homens e não vejo necessidade de mudar isso. Tenho uma filha, duas netas... Só mulheres. Meu amor é a Rita. Também mulher. Está bom assim.

Terapeuta: Você acredita que já conseguiu chegar às respostas que veio procurar aqui? Você já conseguiu entender melhor o seu relacionamento de amor com a Rita?

Paciente: Com certeza.

Terapeuta: Você tem muito ódio contra as pessoas que lhe fizeram mal. Você as chama sempre de malditas. Esse ódio no seu coração pode estar causando problemas em sua vida atual. Você gostaria de perdoá-los? Você consegue perdoá-los?

Paciente: Perdoá-los? (Silêncio.) Para quê? Eles me fizeram muito mal! Eu morri por causa deles!

Terapeuta: Mas esse ódio está, sem dúvida, prejudicando os seus afetos de hoje. Você afirmou que nunca conseguiu amar plenamente sua filha. Não consegue ter amizades porque sempre desconfia das pessoas, por isso prefere o isolamento. Tem um relacionamento muito distante com seu irmão. Você não acha que, tirando essa carga negativa, esse ódio que está cristalizado em você, tudo poderia ser bastante diferente?

Paciente: (Silêncio prolongado.) Está certo. Vou tentar perdoar essas pessoas que tanto mal me fizeram. Vou tentar... Por mim.

Terapeuta: Não há meio caminho no perdão. Ou se perdoa, ou não. Reflita.

Paciente: Você está certa. Eu perdoo. Eu perdoo. Não faz sentindo continuar odiando. Não muda nada. Hoje sou feliz com minha família. Com a Rita. Quero realmente ficar livre desse sentimento. Perdoo de coração aqueles dois homens e aquela mulher.

Terapeuta: Nessa sua vivência você reconheceu alguém? Quando você estava recordando as pessoas dessa sua vivência passada, percebeu alguma semelhança com alguém dessa sua vida atual?

Paciente: (Silêncio e em seguida sorrindo.) Não. Graças a Deus não reconheço ninguém. As imagens estão um pouco embaralhadas agora. Mas, com certeza, não reconheço ninguém. Eu perdoo. Estou feliz porque perdoei.

Calou-se e ficou em profundo relaxamento, respirando calmamente. Foi feito então o Retorno.

Terapia de Apoio — Síntese

Ao abrir os olhos, Maria Elisa deu um largo sorriso. Sentou-se e espreguiçou. Em silêncio, levantou e se serviu de um copo de água. Após beber, sorrindo, disse à terapeuta:

— Até que enfim! Até que enfim consegui me entender! Nunca havia me perdoado por não conseguir amar meu marido. Nunca havia entendido todo meu horror quando me vi grávida de minha filha. Agora entendo porque sempre tive horror de ficar menstruada. Tinha dores, tinha nojo.

Agora entendo também aquele sonho que tive quando estava grávida. Esse sonho nunca me saiu da cabeça. Eu via uma mulher tendo um filho e morrendo em seguida. Não era, nem de longe, parecido com o que eu vivenciei aqui hoje. Era uma mulher com toquinha na cabeça, deitada em uma cama toda de madeira, com um mosquiteiro muito alto. Eu a via sofrendo... E a cabeça daquela criança que não saía de dentro dela. Ela gritava muito e eu sempre acordava gritando também, sentindo meu coração disparar e completamente molhada de suor. Gabriel, coitado, ficava me acalmando. Será que eu já vivi em outra vida tudo aquilo que eu sonhava? Você acha possível isso?

— Pode ser. E se isso realmente aconteceu em uma existência passada, somente reforçou seu medo de ser mãe. Mas isso é só uma hipótese. O que importa agora é que você conhece mais os meandros do seu inconsciente.

Como você está se sentindo? Você pretende modificar alguma coisa em seus relacionamentos?

— Com certeza, posso entender que o amor pela minha filha tem de ser maior. Não sei se vou conseguir fazer com que ela passe a me amar, mas pretendo amá-la de todo coração. Afinal, ela nada tem a ver com aquela criança que eu abortei e que me levou à morte. Agora eu posso entender que fui eu quem sempre a manteve distante de mim, que fui eu que sempre dei pouco amor a ela. Espero consertar tudo o que fiz de errado.

— E quanto ao seu amor por Rita? Houve alguma mudança? – insiste a terapeuta.

— Não. Continuo a amá-la e nada pode modificar isso. Até entendo que me apaixonei por ela desde mocinha, por medo dos homens. Mas o amor que sinto é verdadeiro e isso não mudou. Vou tentar explicar às minhas netas. Vou contar a elas tudo o que eu descobri aqui. Se elas quiserem me entender, vou ficar muito feliz. Caso contrário, o que poderei fazer? Elas também têm o direito de ter suas opiniões.

Não vou mudar só para agradar os outros. Muitas vezes fiz isso em minha vida, agora não faço mais. Estou feliz com a Rita e vou continuar assim – finaliza Maria Elisa com um sorriso nos lábios e muita certeza no olhar.

Diante da postura, da decisão e da firmeza da paciente, foi dada a Alta Terapêutica.

CONSIDERAÇÕES FINAIS DA PARTE II

A escolha dos casos aqui relatados na parte dois deste livro não foi aleatória.

Procurei buscar aqueles que refletissem vários níveis socioculturais. A faixa etária, a descendência genética, a crença religiosa, os hábitos e os costumes diferentes. Os padrões familiares também concorreram para que fosse possível ter um panorama nos diversos universos.

Sob o ponto de vista do núcleo familiar, percorremos aqui a história de César Augusto, na época com 32 anos, com educação universitária completa, educado em família de classe média, lutadora, muito unida. Tendo sido cercado de amor por todos, teve um pai muito atuante e apegado. Acompanhamos o seu sofrimento ao descobrir-se homossexual. Suas aflições, seus desesperos, sua luta para dominar seus impulsos, o medo do desprezo de seu pai, chegando até a realizar um casamento para abafar seus sentimentos e contentar a todos.

Acompanhamos a trajetória de Roberto que, aos 26 anos, chegou ao consultório perdido e confuso. Abandonado desde seus dois meses de vida por um pai que nunca conheceu e que nunca o procurou, e educado por uma mãe claramente fragilizada em seu equilíbrio emocional. De quebra, um irmão absolutamente homossexual e feliz por sê-lo. Tendo educação de caráter bastante mediano, e acreditando-se homossexual desde a mais tenra idade, se choca ao descobrir ser heterossexual. Vimos suas negações sobre o fato de amar uma mulher, já que, inconscientemente, temia perder o afeto de seu irmão e de sua mãe.

Esquadrinhamos a vida de Fernanda, então com 29 anos, formação técnica como auxiliar de enfermagem, vinda de uma família pouco comunicativa e quase nada afetiva. A dissociação familiar bastante clara a fez casar sem grande convicção. Heterossexual desde a mais tenra idade, por amor, torna-se homossexual absolutamente consciente de sua opção.

E Maria Elisa, dona de casa, com 55 anos, que passou toda uma vida tentando ocultar seu amor homossexual, casando por imposição dos pais, conforme costume arraigado de sua etnia, tendo uma filha que pouco amava, amargando cada momento de sua existência pela falta do amor de Rita.

O processo terapêutico a que se submeteram ajudou-os a clarificar muitos de seus medos e angústias. A culpa que sentiam também foi erradicada, tornando-os mais indulgentes consigo mesmos. Uma pessoa sem culpa é uma pessoa feliz.

O autoconhecimento adquirido foi fundamental para que tomassem as decisões que eram necessárias. Mergulharam em seu mais profundo interior, conheceram-se intensamente e puderam, assim, tomar as rédeas de suas vidas, sem sofrerem com as pressões sociais e familiares que costumam permear os relacionamentos dos homossexuais.

Sob esse ângulo, vimos César descobrir-se um guerreiro medieval que encarava sua bissexualidade como algo natural, colocando que esse tipo de relacionamento era "coisas de guerra". Em seguida rememora uma vida, em que foi copista em um mosteiro, no qual a bissexualidade torna-se para ele a responsável pela morte de todos os membros de sua família. A culpa, nesse caso, estava absolutamente clara. Na vida em que se vê como um eunuco descobre a origem de sua ambivalência afetiva. Percebe-se ambivalente, percebe-se bissexual, e aceita o fato sem mais questionar-se, sem culpas e feliz com seu relacionamento homossexual com Nélio.

A frase final de César: "O futuro a Deus pertence" é extremamente esclarecedora.

Deparamo-nos com Roberto que, após ter vivido um longo relacionamento homossexual com Geraldo, rompe com tudo, e isto é bastante significativo, após a partida de Rogério para a França. Conhece Regiane e, apesar de lutar desesperadamente consigo mesmo, apaixona-se por ela.

Em sua primeira Regressão descobre, em vida intrauterina, que seu pai o odiava e sua mãe desejava que ele nascesse mulher. Cabe aqui a hipótese de ele ter, inconscientemente, acatado esse desejo como uma ordem.

Questionou, à exaustão, o fato de só ter recordado vidas em que era homem heterossexual. Finalmente, após ter recordado de uma vida em que era muito amado pelo pai percebeu que o amor que procurava nos homens era o amor de pai. Após muita luta interior conseguiu admitir seu amor por Regiane. Fica triste por ter perdido sua musa, mas toma a decisão de encontrar um novo amor nos braços de uma mulher.

Acompanhamos Fernanda, heterossexual de nascença, que descobre estar amando Nadine como sua alma gêmea. É necessário esclarecer aqui que o amor entre almas gêmeas não pressupõe necessariamente ser amor entre homem e mulher. Isto é só um mito romântico. O amor que se perpetua através dos tempos reflete a comunhão de almas. É o amor da essência do ser.

A convivência diária de Fernanda com a médica fez mudar, e muito, seus padrões de avaliação. Determinada a ser feliz, mesmo com o risco de abalar a relação com sua filha, prosseguiu em seu relacionamento.

Quanto à Maria Elisa, mulher madura, sofrida, conseguiu em poucas sessões, e com uma só vivência recordada, descobrir as reais motivações de seu comportamento afetivo. Mesmo tendo claro para si que, muito provavelmente, a razão de sua homossexualidade era devida a um infeliz acontecimento em outra vida, não vacilou. Entendeu, perdoou, mas não quis abrir mão da sua felicidade.

Assim é o universo da alma humana. É oceânica a vastidão dos conteúdos que cada ser humano tem em seu interior. Todo ser humano é livre para tomar suas decisões. Isto deve ser respeitado. Quanto mais é estudado, quanto mais nos aprofundamos nos meandros de nossas mentes, mais percebemos que pouco sabemos de nós mesmos.

Existem muitos casos, em diversos consultórios, semelhantes aos que foram aqui narrados. Cada um com suas particularidades e decisões diferentes por parte dos pacientes. Há quase uma década eu mesma atendi um dos casos mais intrigantes que tenho notícia. Um alto executivo, na época com 65 anos de idade e bissexual assumido, entrou no consultório decidido a descobrir "sem mais delongas", como ele mesmo disse, o porquê de muitas questões. Deixou bem claro que não havia tempo a perder. Declarou-se bissexual desde a adolescência. Casado, pai de duas moças também já casadas, avô de quatro netos, nunca havia tido problema com seus relacionamentos homossexuais: "Casos sem importância, meninos que eu encontrava por aí!". Sua vida com a esposa era estável e tranquila.

Naquele momento, porém, era de vital urgência para ele saber se seu bissexualismo era transmissível e o que poderia ser feito para erradicá-lo. Ao perguntar sobre a razão de tanta urgência e desespero, já que isso nunca o havia incomodado, desabou em lágrimas.

— Faz um mês que encontrei meu neto mais velho em uma casa gay. Meu neto é gay e eu não consigo assimilar isso.

O caso tem lances muito dramáticos, por isso preferi não registrar aqui nesta segunda parte do livro. Preferi deixar esse estudo para depois, quem sabe para um segundo livro.

Que posso passar para você, meu leitor querido, parafraseando o grande mestre da literatura, é que realmente "há muito mais coisas entre o céu e a terra do que sonha a nossa vã filosofia."

Como esclareci no início, não pretendi, em momento algum, apresentar verdades irrefutáveis. Elas não existem quando se fala do ser humano.

Quanto aos casos aqui apresentados, é óbvio que você tirará suas próprias conclusões.

Lembre-se de que a conclusão é sua. Totalmente sua. Valorize-a.

FICHA TÉCNICA

TÍTULO
Vidas Passadas e Homossexualidade

AUTORIA
Dra. Solange Hilsdorf de Lima Cigagna

EDIÇÃO
1ª

ISBN
978-65-87210-33-9

COORDENAÇÃO EDITORIAL
Ednei Procópio

PREPARAÇÃO DE ORIGINAIS
Ednei Procópio e Irene Stubber

REVISÃO DA DIAGRAMAÇÃO
Ednei Procópio e Irene Stubber

PROJETO GRÁFICO E DIAGRAMAÇÃO
César Oliveira

CAPA
César Oliveira

COMPOSIÇÃO
Adobe Indesign CC, plataforma Windows

PÁGINAS
363

TAMANHO DO MIOLO
Miolo: 16 x 23 cm
Capa: 16 x 23 cm com orelhas de 8 cm

TIPOGRAFIA
Texto principal: Cambria, 13/18
Título: Archer BOld, 14/18
Notas de rodapé: Cambria, 10/14

MARGENS
23 mm: 23 mm: 23 mm: 23 mm
(superior:inferior:interna;externa)

PAPEL
Miolo em Offset LD FSC 75 g/m2
Capa Cartão Supremo LD FSC 250 g/m2

CORES
Miolo 1x1 cores CMYK
Capa em 4x0 cores CMYK

ACABAMENTO
Miolo: brochura, cadernos costurados e colados.

Capa: brochura, laminação BOPP fosca, verniz UV com reserva.

PRODUÇÃO
Novembro/2022

IMPRESSÃO
Artes Gráficas Formato
(Belo Horizonte/MG)

TIRAGEM
2000 exemplares

NOSSAS PUBLICAÇÕES

SÉRIE AUTOCONHECIMENTO

DEPRESSÃO E AUTOCONHECIMENTO - COMO EXTRAIR PRECIOSAS LIÇÕES DESSA DOR

A proposta de tratamento complementar da depressão aqui abordada tem como foco a educação para lidar com nossa dor, que muito antes de ser mental, é moral.

Wanderley Oliveira
16 x 23 cm
235 páginas

FALA, PRETO VELHO

Um roteiro de autoproteção energética através do autoamor. Os textos aqui desenvolvidos permitem construir nossa proteção interior por meio de condutas amorosas e posturas mentais positivas, para criação de um ambiente energético protetor ao redor de nossas vidas.

Wanderley Oliveira | Pai João de Angola
16 x 23 cm
291 páginas

QUAL A MEDIDA DO SEU AMOR?

Propõe revermos nossa forma de amar, pois estamos mais próximos de uma visão particularista do que de uma vivência autêntica desse sentimento. Superar limites, cultivar relações saudáveis e vencer barreiras emocionais são alguns dos exercícios na construção desse novo olhar.

Wanderley Oliveira | Ermance Dufaux
16 x 23 cm
208 páginas

APAIXONE-SE POR VOCÊ

Você já ouviu alguém dizer para outra pessoa: "minha vida é você"?
Enquanto o eixo de sua sustentação psicológica for outra pessoa, a sua vida estará sempre ameaçada, pois o medo da perda vai rondar seus passos a cada minuto.

Wanderley Oliveira
16 x 23 cm
152 páginas

A VERDADE ALÉM DAS APARÊNCIAS - O UNIVERSO INTERIOR

Liberte-se da ansiedade e da angústia, direcionando o seu espírito para o único tempo que realmente importa: o presente. Nele você pode construir um novo olhar, amplo e consciente, que levará você a enxergar a verdade além das aparências.

Samuel Gomes
16 x 23 cm
272 páginas

DESCOMPLIQUE, SEJA LEVE

Um livro de mensagens para apoiar sua caminhada na aquisição de uma vida mais suave e rica de alegrias na convivência.

Wanderley Oliveira
16 x 23 cm
238 páginas

7 CAMINHOS PARA O AUTOAMOR

O tema central dessa obra é o autoamor que, na concepção dos educadores espirituais, tem na autoestima o campo elementar para seu desenvolvimento. O autoamor é algo inato, herança divina, enquanto a autoestima é o serviço laborioso e paciente de resgatar essa força interior, ao longo do caminho de volta à casa do Pai.

Wanderley Oliveira | Pai João de Angola
16 x 23 cm
272 páginas

A REDENÇÃO DE UM EXILADO

A obra traz informações sobre a formação da civilização, nos primórdios da Terra, que contou com a ajuda do exílio de milhões de espíritos mandados para cá para conquistar sua recuperação moral e auxiliar no desenvolvimento das raças e da civilização. É uma narrativa do Apóstolo Lucas, que foi um desses enviados, e que venceu suas dificuldades íntimas para seguir no trabalho orientado pelo Cristo.

Samuel Gomes | Lucas
16 x 23 cm
368 páginas

AMOROSIDADE - A CURA DA FERIDA DO ABANDONO

Uma das mais conhecidas prisões emocionais na atualidade é a dor do abandono, a sensação de desamparo. Essa lesão na alma responde por larga soma de aflições em todos os continentes do mundo. Não há quem não esteja carente de ser protegido e acolhido, amado e incentivado nas lutas de cada dia.

Wanderley Oliveira | Ermance Dufaux
16 x 23 cm
300 páginas

MEDIUNIDADE - A CURA DA FERIDA DA FRAGILIDADE

Ermance Dufaux vem tratando sobre as feridas evolutivas da humanidade. A ferida da fragilidade é um dos traços mais marcantes dos aprendizes da escola terrena. Uma acentuada desconexão com o patrimônio da fé e do autoamor, os verdadeiros poderes da alma.

Wanderley Oliveira | Ermance Dufaux
16 x 23 cm
235 páginas

CONECTE-SE A VOCÊ - O ENCONTRO DE UMA NOVA MENTALIDADE QUE TRANSFORMARÁ A SUA VIDA

Este livro vai te estimular na busca de quem você é verdadeiramente. Com leitura de fácil assimilação, ele é uma viagem a um país desconhecido que, pouco a pouco, revela características e peculiaridades que o ajudarão a encontrar novos caminhos. Para esta viagem, você deve estar conectado a sua essência. A partir daí, tudo que você fizer o levará ao encontro do propósito que Deus estabeleceu para sua vida espiritual.

Rodrigo Ferretti
16 x 23 cm
256 páginas

APOCALIPSE SEGUNDO A ESPIRITUALIDADE - O DESPERTAR DE UMA NOVA CONSCIÊNCIA

Num curso realizado em uma colônia do plano espiritual, o livro Apocalipse, de João Evangelista, é estudado de forma dinâmica e de fácil entendimento, desvendando a simbologia das figuras místicas sob o enfoque do autoconhecimento.

Samuel Gomes
16 x 23 cm
313 páginas

VIDAS PASSADAS E HOMOSSEXUALIDADE - CAMINHOS QUE LEVAM À HARMONIA

"Vidas Passadas e Homossexualidade" é, antes de tudo, um livro sobre o autoconhecimento. E, mais que uma obra que trada do uso prático da Terapia de Regressão às Vidas Passadas . Em um conjunto de casos, ricamente descritos, o leitor poderá compreender a relação de sua atual encarnação com aquelas que ele viveu em vidas passadas. O obra mostra que absolutamente tudo está interligado. Se o leitor não encontra respostas sobre as suas buscas psicológicas nesta vida, ele as encontrará conhecendo suas vidas passadas.
Samuel Gomes

Dra. Solange Cigagna
16 x 23 cm
364 páginas

SÉRIE CONSCIÊNCIA DESPERTA

SAIA DO CONTROLE - UM DIÁLOGO TERAPEUTICO E LIBERTADOR ENTRE A MENTE E A CONSCIÊNCIA

Agimos de forma instintiva por não saber observar os pensamentos e emoções que direcionam nossas ações de forma condicionada. Por meio de uma observação atenta e consciente, identificando o domínio da mente em nossas vidas, passamos a viver conscientes das forças internas que nos regem.

Rossano Sobrinho
16 x 23 cm
268 páginas

SÉRIE CULTO NO LAR

VIBRAÇÕES DE PAZ EM FAMÍLIA

Quando a família se reune para orar, ou mesmo um de seus componetes, o ambiente do lar melhora muito. As preces são emissões poderosas de energia que promovem a iluminação interior. A oração em família traz paz e fortalece, protege e ampara a cada um que se prepara para a jornada terrena rumo à superação de todos os desafios.

Wanderley Oliveira | Ermance Dufaux
16 x 23 cm
212 páginas

JESUS - A INSPIRAÇÃO DAS RELAÇÕES LUMINOSAS

Após o sucesso de "Emoções que curam", o espírito Ermance Dufaux retorna com um novo livro baseado nos ensinamentos do Cristo, destacando que o autoamor é a garantia mais sólida para a construção de relacionamentos luminosos.

Wanderley Oliveira | Ermance Dufaux
16 x 23 cm
304 páginas

REGENERAÇÃO - EM HARMONIA COM O PAI

Nos dias em que a Terra passa por transformações fundamentais, ampliando suas condições na direção de se tornar um mundo regenerado, é necessário desenvolvermos uma harmonia inabalável para aproveitar as lições que esses dias nos proporcionam por meio das nossas decisões e das nossas escolhas, [...].

Samuel Gomes | Diversos Espíritos
16 x 23 cm
223 páginas

PRECES ESPÍRITAS

Porque e como orar?
O modo como oramos influi no resultado de nossas preces?
Existe um jeito certo de fazer a oração?
Allan Kardec nos afirma que *"não há fórmula absoluta para a prece"*, mas o próprio Evangelho nos orienta que *"quando oramos, devemos entrar no nosso aposento interno do coração e, fechando a porta, busquemos Deus que habita em nós; e Ele, que vê nossa mais secreta realidade espiritual, nos amparará em todas as necessidades. Ao orarmos, evitemos as repetições de orações realizadas da boca para fora, como muitos que pensam que por muito falarem serão ouvidos. Oremos a Deus em espírito e verdade porque nosso Pai sabe o que nos é necessário, antes mesmo de pedirmos ".*
(Mateus 6:5 a 8)

Allan Kardec
16 x 23 cm
145 páginas

O EVANGELHO SEGUNDO O ESPIRITISMO

O Evangelho de Jesus Cristo foi levado ao mundo por meio de seus discípulos, logo após o desencarne do Mestre na cruz. Mas o Evangelho de Cristo foi, muitas vezes, alterado e deturpado através de inúmeras edições e traduções do chamado Novo Testamento. Agora, a Doutrina Espírita, por meio de um trabalho sob a óptica dos espíritos e de Allan Kardec, vem jogar luz sobre a verdadeira face de Cristo e seus ensinamentos de perdão, caridade e amor.

Allan Kardec
16 x 23 cm
431 páginas

SÉRIE DESAFIOS DA CONVIVÊNCIA

QUEM SABE PODE MUITO. QUEM AMA PODE MAIS

A lição central desta obra é mostrar que o conhecimento nem sempre é suficiente para garantir a presença do amor nas relações. "Estar informado é a primeira etapa. Ser transformado é a etapa da maioridade." - Eurípedes Barsanulfo.

Wanderley Oliveira | José Mário
16 x 23 cm
312 páginas

QUEM PERDOA LIBERTA - ROMPER OS FIOS DA MÁGOA ATRAVÉS DA MISERICÓRDIA

Continuação do livro "QUEM SABE PODE MUITO. QUEM AMA PODE MAIS" dando sequência à trilogia "Desafios da Convivência".

Wanderley Oliveira | José Mário
16 x 23 cm
320 páginas

SERVIDORES DA LUZ NA TRANSIÇÃO PLANETÁRIA

Nesta obra recebemos o convite para nos integrar nas fileiras dos Servidores da Luz, atuando de forma consciente diante dos desafios da transição planetária. Brilhante fechamento da trilogia.

Wanderley Oliveira | José Mário
14x21 cm
298 páginas

SÉRIE ESPÍRITOS DO BEM

GUARDIÕES DO CARMA - A MISSÃO DOS EXUS NA TERRA

Pai João de Angola quebra com o preconceito criado em torno dos exus e mostra que a missão deles na Terra vai além do que conhecemos. Na verdade, eles atuam como guardiões do carma, nos ajudando nos principais aspectos de nossas vidas.

Wanderley Oliveira | Pai João de Angola
16 x 23 cm
288 páginas

GUARDIÃS DO AMOR - A MISSÃO DAS POMBAGIRAS NA TERRA

"São um exemplo de amor incondicional e de grandeza da alma. São mães dos deserdados e angustiados. São educadoras e desenvolvedoras do sagrado feminino, e nesse aspecto são capazes de ampliar, nos homens e nas mulheres, muitas conquistas que abrem portas para um mundo mais humanizado, [...]".

Wanderley Oliveira | Pai João de Angola
16 x 23 cm
232 páginas

GUARDIÕES DA VERDADE - NADA FICARÁ OCULTO

Neste momento de batalhas decisivas rumo aos tempos da regeneração, esta obra é um alerta que destaca a importância da autenticidade nas relações humanas e da conduta ética como bases para uma forma transparente de viver. A partir de agora, nada ficará oculto, pois a Verdade é o único caminho que aguarda a humanidade para diluir o mal e se estabelecer na realidade que rege o universo.

Wanderley Oliveira | Pai João de Angola
16 x 23 cm
236 páginas

SÉRIE ESTUDOS DOUTRINÁRIOS

ATITUDE DE AMOR

Opúsculo contendo a palestra "Atitude de Amor" de Bezerra de Menezes, o debate com Eurípedes Barsanulfo sobre o período da maioridade do Espiritismo e as orientações sobre o "movimento atitude de amor". Por uma efetiva renovação pela educação moral.

Wanderley Oliveira | Ermance Dufaux e Cícero Pereira
14 x 21 cm
94 páginas

SEARA BENDITA

Um convite à reflexão sobre a urgência de novas posturas e conceitos. As mudanças a adotar em favor da construção de um movimento social capaz de cooperar com eficácia na espiritualização da humanidade.

Wanderley Oliveira e Maria José Costa | Diversos Espíritos
14 x 21 cm
284 páginas

Gratuito em nosso site, somente em:

NOTÍCIAS DE CHICO

"Nesta obra, Chico Xavier afirma com seu otimismo natural que a Terra caminha para uma regeneração de acordo com os projetos de Jesus, a caracterizar-se pela tolerância humana recíproca e que precisamos fazer a nossa parte no concerto projetado pelo Orientador Maior, principalmente porque ainda não assumimos responsabilidades mais expressivas na sustentação das propostas elevadas que dizem respeito ao futuro do nosso planeta."

Samuel Gomes | Chico Xavier
16 x 23 cm
181 páginas

SÉRIE FAMÍLIA E ESPIRITUALIDADE

UM JOVEM OBSESSOR - A FORÇA DO AMOR NA REDENÇÃO ESPIRITUAL

Um jovem conta sua história, compartilhando seus problemas após a morte, falando sobre relacionamentos, sexo, drogas e, sobretudo, da força do amor na redenção espiritual.

Adriana Machado | Jefferson
16 x 23 cm
392 páginas

UM JOVEM MÉDIUM - CORAGEM E SUPERAÇÃO PELA FORÇA DA FÉ

A mediunidade é um canal de acesso às questões de vidas passadas que ainda precisam ser resolvidas. O livro conta a história do jovem Alexandre que, com sua mediunidade, se torna o intermediário entre as histórias de vidas passadas daqueles que o rodeiam tanto no plano físico quanto no plano espiritual. Surpresos com o dom mediúnico do menino, os pais, de formação Católica, se veem às voltas com as questões espirituais que o filho querido traz para o seio da família.

Adriana Machado | Ezequiel
16 x 23 cm
365 páginas

RECONSTRUA SUA FAMÍLIA - CONSIDERAÇÕES PARA O PÓS-PANDEMIA

Vivemos dias de definição, onde nada mais será como antes. Necessário redefinir e ampliar o conceito de família. Isso pode evitar muitos conflitos nas interações pessoais. O autoconhecimento seguido de reforma íntima será o único caminho para transformação do ser humano, das famílias, das sociedades e da humanidade.

Dr. Américo Canhoto
16 x 23 cm
237 páginas

 SÉRIE **HARMONIA INTERIOR**

LAÇOS DE AFETO - CAMINHOS DO AMOR NA CONVIVÊNCIA

Uma abordagem sobre a importância do afeto em nossos relacionamentos para o crescimento espiritual. São textos baseados no dia a dia de nossas experiências. Um estímulo ao aprendizado mais proveitoso e harmonioso na convivência humana.

Wanderley Oliveira | Ermance Dufaux
16 x 23 cm
312 páginas

MEREÇA SER FELIZ - SUPERANDO AS ILUSÕES DO ORGULHO

Um estudo psicológico sobre o orgulho e sua influência em nossa caminhada espiritual. Ermance Dufaux considera essa doença moral como um dos mais fortes obstáculos à nossa felicidade, porque nos leva à ilusão.

Wanderley Oliveira | Ermance Dufaux
16 x 23 cm
296 páginas

REFORMA ÍNTIMA SEM MARTÍRIO - AUTOTRANSFORMAÇÃO COM LEVEZA E ESPERANÇA

As ações em favor do aperfeiçoamento espiritual dependem de uma relação pacífica com nossas imperfeições. Como gerenciar a vida íntima sem adicionar o sofrimento e sem entrar em conflito consigo mesmo?

Wanderley Oliveira | Ermance Dufaux
16 x 23 cm
288 páginas

 ESPANHOL INGLÊS

PRAZER DE VIVER - CONQUISTA DE QUEM CULTIVA A FÉ E A ESPERANÇA

Neste livro, Ermance Dufaux, com seus ensinos, nos auxilia a pensar caminhos para alcançar nossas metas existenciais, a fim de que as nossas reencarnações sejam melhor vividas e aproveitadas.

Wanderley Oliveira | Ermance Dufaux
16 x 23 cm
248 páginas

ebook

ESCUTANDO SENTIMENTOS - A ATITUDE DE AMAR-NOS COMO MERECEMOS

Ermance afirma que temos dado passos importantes no amor ao próximo, mas nem sempre sabemos como cuidar de nós, tratando-nos com culpas, medos e outros sentimentos que não colaboram para nossa felicidade.

Wanderley Oliveira | Ermance Dufaux
16 x 23 cm
256 páginas

 ESPANHOL

DIFERENÇAS NÃO SÃO DEFEITOS - A RIQUEZA DA DIVERSIDADE NAS RELAÇÕES HUMANAS

Ninguém será exatamente como gostaríamos que fosse. Quando aprendemos a conviver bem com os diferentes e suas diferenças, a vida fica bem mais leve. Aprenda esse grande SEGREDO e conquiste sua liberdade pessoal.

Wanderley Oliveira | Ermance Dufaux
16 x 23 cm
248 páginas

ebook

EMOÇÕES QUE CURAM - CULPA, RAIVA E MEDO COMO FORÇAS DE LIBERTAÇÃO

Um convite para aceitarmos as emoções como forma terapêutica de viver, sintonizando o pensamento com a realidade e com o desenvolvimento da autoaceitação.

Wanderley Oliveira | Ermance Dufaux
16 x 23 cm
272 páginas

SÉRIE REFLEXÕES DIÁRIAS

PARA SENTIR DEUS

Nos momentos atuais da humanidade sentimos extrema necessidade da presença de Deus. Ermance Dufaux resgata, para cada um, múltiplas formas de contato com Ele, de como senti-Lo em nossas vidas, nas circunstâncias que nos cercam e nos semelhantes que dividem conosco a jornada reencarnatória. Ver, ouvir e sentir Deus em tudo e em todos.

Wanderley Oliveira | Ermance Dufaux
11 x 15,5 cm
133 páginas
Somente ebook

LIÇÕES PARA O AUTOAMOR

Mensagens de estímulo na conquista do perdão, da aceitação e do amor a si mesmo. Um convite à maravilhosa jornada do autoconhecimento que nos conduzirá a tomar posse de nossa herança divina.

Wanderley Oliveira | Ermance Dufaux
11 x 15,5 cm
128 páginas

Somente ebook

RECEITAS PARA A ALMA

Mensagens de conforto e esperança, com pequenos lembretes sobre a aplicação do Evangelho para o dia a dia. Um conjunto de propostas que se constituem em verdadeiros remédios para nossas almas.

Wanderley Oliveira | Ermance Dufaux
11 x 15,5 cm
146 páginas

Somente ebook

SÉRIE REGENERAÇÃO

FUTURO ESPIRITUAL DA TERRA

As necessidades, as estruturas perispirituais e neuropsíquicas, o trabalho, o tempo, as características sociais e os próprios recursos de natureza material se tornarão bem mais sutis. O futuro já está em construção e André Luiz, através da psicografia de Samuel Gomes, conta como será o Futuro Espiritual da Terra.

Samuel Gomes | André Luiz
16 x 23 cm
344 páginas

XEQUE-MATE NAS SOMBRAS - A VITÓRIA DA LUZ

André Luiz traz notícias das atividades que as colônias espirituais, ao redor da Terra, estão realizando para resgatar os espíritos que se encontram perdidos nas trevas e conduzi-los a passar por um filtro de valores, seja para receberem recursos visando a melhorar suas qualidades morais – se tiverem condições de continuar no orbe – seja para encaminhá-los ao degredo planetário.

Samuel Gomes | André Luiz
16 x 23 cm
212 páginas

A DECISÃO - CRISTOS PLANETÁRIOS DEFINEM O FUTURO ESPIRITUAL DA TERRA

"Os Cristos Planetários do Sistema Solar e de outros sistemas se encontram para decidir sobre o futuro da Terra na sua fase de regeneração. Numa reunião que pode ser considerada, na atualidade, uma das mais importantes para a humanidade terrestre, Jesus faz um pronunciamento direto sobre as diretrizes estabelecidas por Ele para este período."

Samuel Gomes | André Luiz e Chico Xavier
16 x 23 cm
210 páginas

SÉRIE ROMANCE MEDIÚNICO

OS DRAGÕES - O DIAMANTE NO LODO NÃO DEIXA DE SER DIAMANTE

Um relato leve e comovente sobre nossos vínculos com os grupos de espíritos que integram as organizações do mal no submundo astral.

Wanderley Oliveira | Maria Modesto Cravo
16 x 23cm
522 páginas

LÍRIOS DE ESPERANÇA

Ermance Dufaux alerta os espíritas e lidadores do bem de um modo geral, para as responsabilidades urgentes da renovação interior e da prática do amor neste momento de transição evolutiva, através de novos modelos de relação, como orientam os benfeitores espirituais.

Wanderley Oliveira | Ermance Dufaux
16 x 23 cm
508 páginas

AMOR ALÉM DE TUDO

Regras para seguir e rótulos para sustentar. Até quando viveremos sob o peso dessas ilusões? Nessa obra reveladora, Dr. Inácio Ferreira nos convida a conhecer a verdade acima das aparências. Um novo caminho para aqueles que buscam respeito às diferenças e o AMOR ALÉM DE TUDO.

Wanderley Oliveira | Inácio Ferreira
16 x 23 cm
252 páginas

ABRAÇO DE PAI JOÃO

Pai João de Angola retorna com conceitos simples e práticos, sobre os problemas gerados pela carência afetiva. Um romance com casos repletos de lutas, desafios e superações. Esperança para que permaneçamos no processo de resgate das potências divinas de nosso espírito.

Wanderley Oliveira | Pai João de Angola
16 x 23 cm
224 páginas

UM ENCONTRO COM PAI JOÃO

A obra também fala do valor de uma terapia, da necessidade do autoconhecimento, dos tipos de casamentos programados antes do reencarne, dos processos obsessivos de variados graus e do amparo de Deus para nossas vidas por meio dos amigos espirituais e seus trabalhadores encarnados. Narra também em detalhes a dinâmica das atividades socorristas do centro espírita.

Wanderley Oliveira | Pai João de Angola
16 x 23 cm
220 páginas

O LADO OCULTO DA TRANSIÇÃO PLANETÁRIA

O espírito Maria Modesto Cravo aborda os bastidores da transição planetária com casos conectados ao astral da Terra.

Wanderley Oliveira | Maria Modesto Cravo
16 x 23 cm
288 páginas

ebook

PERDÃO - A CHAVE PARA A LIBERDADE

Neste romance revelador, conhecemos Onofre, um pai que enfrenta a perda de seu único filho com apenas oito anos de idade. Diante do luto e diversas frustrações, um processo desafiador de autoconhecimento o convida a enxergar a vida com um novo olhar. Será essa a chave para a sua libertação?

Adriana Machado | Ezequiel
14 x 21 cm
288 páginas

ebook

1/3 DA VIDA - ENQUANTO O CORPO DORME A ALMA DESPERTA

A atividade noturna fora da matéria representa um terço da vida no corpo físico, e é considerada por nós como o período mais rico em espiritualidade, oportunidade e esperança.

Wanderley Oliveira | Ermance Dufaux
16 x 23 cm
279 páginas

ebook

NEM TUDO É CARMA, MAS TUDO É ESCOLHA

Somos todos agentes ativos das experiências que vivenciamos e não há injustiças ou acasos em cada um dos aprendizados.

Adriana Machado | Ezequiel
16 x 23 cm
536 páginas

ebook

RETRATOS DA VIDA - AS CONSEQUÊNCIAS DO DESCOMPROMETIMENTO AFETIVO

Túlio costumava abstrair-se da realidade, sempre se imaginando pintando um quadro; mais especificamente pintando o rosto de uma mulher.
Vivendo com Dora um casamento já frio e distante, uma terrível e insuportável dor se abate sobre sua vida. A dor era tanta que Túlio precisou buscar dentro de sua alma uma resposta para todas as suas angústias..

Clotilde Fascioni
16 x 23 cm
175 páginas

O PREÇO DE UM PERDÃO - AS VIDAS DE DANIEL

Daniel se apaixona perdidamente e, por várias vidas, é capaz de fazer qualquer coisa para alcançar o objetivo de concretizar o seu amor. Mas suas atitudes, por mais verdadeiras que sejam, o afastam cada vez mais desse objetivo. É quando a vida o para.

André Figueiredo e Fernanda Sicuro | Espírito Bruno
16 x 23 cm
333 páginas

LIVROS QUE TRANSFORMAM VIDAS!

Acompanhe nossas redes sociais

(lançamentos, conteúdos e promoções)

- @editoradufaux
- facebook.com/EditoraDufaux
- youtube.com/user/EditoraDufaux

Conheça nosso catálogo e mais sobre nossa editora. Acesse os nossos sites

Loja Virtual

- www.dufaux.com.br

eBooks, conteúdos gratuitos e muito mais

- www.editoradufaux.com.br

Entre em contato com a gente.

Use os nossos canais de atendimento

- (31) 99193-2230
- (31) 3347-1531
- www.dufaux.com.br/contato
- sac@editoradufaux.com.br
- Rua Contria, 759 | Alto Barroca | CEP 30431-028 | Belo Horizonte | MG